CHINA
改革共识与中国未来

吴敬琏　俞可平　〔美〕芮效俭　等著

中央编译出版社
Central Compilation & Translation Press

作者简介

王长江 中共中央党校教授,党建教研部主任,中央党校世界政党比较研究中心主任,博士生导师。长期从事世界各类政党运行机制的比较和中国共产党建设问题的研究,主要致力于把政党比较研究拓展到党的建设领域,并在该领域主持开创了世界政党比较研究学科。

赵 晓 经济学博士,北京科技大学经济管理学院教授、博士生导师,前国资委研究中心宏观战略部部长,中国经济学奖专家委员会委员。

高尚全 高级经济师。中国经济体制改革研究会会长,中国企业改革与发展研究会会长,中国经济改革研究基金会理事长,中国(海南)改革发展研究院院长;第九届全国政协委员、经济委员会委员;联合国发展政策委员会委员;北京大学、上海交通大学兼职教授、博士生导师,浙江大学管理学院名誉院长,教授。

孙立平 清华大学社会学系教授,博士生导师。2006年被《南风窗》评为"为了公共利益年度人物奖"。

吴敬琏 国务院发展研究中心研究员、中国人民政治协商会议全国委员会常务委员兼经济委员会副主任、国务院信息化专家咨询委员会副主任、国务院发展研究中心学术委员会副主任。《改革》、《比较》、《洪范评论》杂志主编;复旦大学著名校友、香港浸会大学、香港大学荣誉社会科学博士。1984~1992年,连续五次获得中国"孙冶方经济科学奖"。2003年获得国际管理学会（IAM）"杰出成就奖"；2005 年荣获首届"中国经济学奖杰出贡献奖"。

樊　纲　经济学博士，北京大学、中国社会科学院研究生院教授；国家级有突出贡献的中青年专家，主要学术专长是理论经济学，长期从事经济学研究。现任中国经济体制改革会副会长，中国改革研究基金会秘书长，国民经济研究所所长。

李稻葵　清华大学经济管理学院 Freeman 经济学讲席教授，博士生导师，长江学者特聘教授。原央行货币政策委员会委员，十一届全国政协委员，清华大学金融系主任，中国与世界经济研究中心（CCWE）主任。

俞可平　北京大学政治学博士，德国杜伊斯堡大学名誉博士，哲学和政治学双学科博士生导师。现任中共中央编译局副局长，中央编译局全球治理与发展战略研究中心主任，北京大学中国政府创新研究中心主任，清华大学凯风政治发展研究所所长，中央马克思主义理论研究与建设工程"经典作家基本观点研究"课题首席专家，"中国地方政府改革创新研究与奖励计划"总负责人。

芮效俭（J. Stapleton Roy）　美国外交家，1991 年至 1995 年间任美国驻华大使。现任基辛格咨询公司（Kissinger Associates, Inc.）的副主席和霍普金斯-南京咨询委员会（Hopkins-Nanjing Advisory Council）的副主席。

迟福林　研究员、博士生导师，全国政协第十一届委员会委员。享受国务院特殊津贴专家，海南省首批有突出贡献专家，2002 年被中组部、中宣部、国家人事部和国家科学技术部联合授予"全国杰出专业技术人才荣誉称号"；中国（海南）改革发展研究院院长，中国经济体制改革研究会副会长，原海南省社会科学界联合会主席，北京大学、南京大学、浙江大学、东北大学、西南财经大学等重点大学的客座教授或特聘教授。

陈家刚　法学博士。现为中央编译局比较政治与经济研究中心研究员。专业领域及研究方向为：政治学理论、当代中国政治、陈独秀研究。组织译介《协商民主译丛》，介绍"协商民主"理论。代表性的著作有《协商民主与当代中国政治》等。

郑永年 博士，现任新加坡国立大学东亚研究所所长，《国际中国研究杂志》（China：An International Journal）共同主编，罗特里奇出版社（Routledge）"中国政策丛书"（China Policy Series）主编和世界科技书局（World Scientific）"当代中国研究丛书"（Series on Contemporary China）共同主编。其主要从事中国内部转型及其外部关系研究，主要兴趣或研究领域为民族主义与国际关系；东亚国际和地区安全；中国的外交政策；全球化、国家转型和社会正义；技术变革与政治转型；社会运动与民主化；比较中央地方关系；中国政治。

王贵秀 中共中央党校教授，主要研究方向为中国政治体制改革，代表性著作有《论民主和民主集中制》、《政治体制改革和民主法制建》、《中国政治体制改革之路》。

沈宝祥 沈宝祥，中共中央党校教授。长期从事中国特色社会主义研究，兼及党建理论和中共党史，发表论文近500篇。现任中央党校中国特色社会主义理论研究中心特约研究员、中央社会主义学院、北京社会主义学院兼职教授。

李步云 中国社会科学院荣誉学部委员，博士生导师，广州大学人权研究中心主任。曾任《法学研究》杂志主编，现兼任最高人民检察院专家咨询委员会委员，中宣部、司法部"国家中高级干部学法讲师团"讲师，国家行政学院等十余所大学的教授。

郭道晖 著名法学家，法治思想家，中国法学会法理学研究会顾问，尊称"法治三老"之一，曾任清华大学党委常委兼宣传部长、哲学讲师、全国人大常委会法制工作委员会研究室副主任、中国法学会研究部主任、《中国法学》杂志社总编辑等。

江 平 著名法学家，中国政法大学终身教授，民商法专业博士生导师，国务院批准的有突出贡献、享受政府津贴的专家。曾当选第七届全国人民代表大会代表，七届全国人大常委会委员、法律委员会副主任；曾担任中国政法大学校长、中国法学会副会长等职；曾赴比利时根特大学、香港大学、意大利第二罗马大学、日本青山学院、美国哥伦比亚大学讲授中国民法、罗马法、公司法等课程，并获比利时根特大学名誉法学博士，秘鲁天主教大学名誉法学教授等殊荣。现仍然担任着最高人民法院特邀咨询员、国际仲裁委员会仲裁员、北京仲裁委员会名誉主任、中国法学会比较法研究会会长等职务。

徐　昕（Michael Hudson）　北京理工大学法学院，教授，博士生导师。曾任教于西南政法大学，在中国民事诉讼法学研究领域卓有建树。

竹立家　国家行政学院公共管理教研部教授、公共行政教研室主任，兼任中国行政学研究会常务理事、中国自然科学基金会专家评议组成员、国家质检总局人力资源中心顾问。著有《悄悄的革命》、《文化与超越》、《思想政治教育学》、《品德教育及评价》、《道德价值论》、《国外公共行政理论精选》、《国外组织理论精选》等。

贝淡宁（Daniel Bell）　又译丹尼尔·贝尔。贝淡宁生于加拿大，现为清华大学伦理学和政治哲学教授。研究领域为比较政治哲学，社群主义，儒家。他的成名作是《社群主义及其批评者》（1993年由牛津大学出版社），最新著作是《超越自由民主：东亚背景下的政治思考》（普林斯顿大学出版社2006）。

目　录

深化改革要有"壮士断腕"的勇气………………王长江／1
下一步改革关键词：全领域新改革 …… 赵　晓　史贵存／13
强调"中国模式"可能误导改革 ………………高尚全／29
也谈改革共识 ………………………………………孙立平／36
经济体制改革的方向 ………………………………吴敬琏／47
抵达彼岸是一个逐步实现的过程 …………………樊　纲／56
中国需要什么样的经济改革 ………………………李稻葵／76

增量民主与政治改革 ………………………………俞可平／88
代际更替、经济发展和中国的政治改革 …（美）芮效俭／101
改革的新形势与顶层设计 …………………………迟福林／106
政治体制改革迫切需要顶层设计 …………………陈家刚／116
中国政治改革的理想路径 ……………（新加坡）郑永年／126
冲破极左阻力，推进政治体制改革 ………………王贵秀／137
弊端与良方：论政治体制改革的迫切性 …………沈宝祥／147

法的人本主义 …………………………………… 李步云 / 160

中国法治发展：虽有缺憾但奋力向前 …………… 郭道晖 / 172

中国法治面临的困境与突破 ……………………… 江　平 / 180

司法改革：渐进中积累量变 ……………………… 徐　昕 / 197

意识形态如何引领结构性改革方向
　　——关于中国社会的现代性思考 …………… 竹立家 / 207

儒教与政治文化 ………………………（加拿大）贝淡宁 / 225

深化改革要有"壮士断腕"的勇气

王长江

王长江

　　王长江，中共中央党校教授，党建教研部主任，中央党校世界政党比较研究中心主任，博士生导师。长期从事世界各类政党运行机制的比较和中国共产党建设问题的研究，主要致力于把政党比较研究拓展到党的建设领域，并在该领域主持开创了世界政党比较研究学科。

改革正在进入攻坚阶段。一方面，改革开放事业取得的巨大成就有目共睹；另一方面，改革已经触及越来越多深层次的问题，处在不进则退的关键时刻。充分认识改革的艰巨性、复杂性，强化使命感，义不容辞地担当起历史责任，以巨大的、"壮士断腕"的政治勇气推进改革，越来越成为时代向执政党提出的新要求。

怎样看待今天的改革？

我们今天面临的改革，无论是在深度上，还是在广度上，都是过去任何时期、任何阶段所无法相比的。在改革起步阶段，可以把复杂问题放一放，先解决最迫切的问题，这完全符合改革的逻辑。毕竟改革本身不是目的，发展才是硬道理。经济发展首当其冲，是其他方面发展的前提。不过，当时那些绕过去的和放在一边的问题并不会因此而消失，这也是事实。今天，这些问题积累起来，摆在了我们面前，已经躲不开，也绕不过，改革的"攻坚战"即将开始。能不能正视这些问题，直接考验着执政党的能力。

概括起来，今天我们面前的问题有三个特点。

其一是纵深性。今天能够引起广泛关注的问题，往往都与更深层次的、带有根本性的问题相连接。以一段时间以来特别突出的政府强拆现象为例，强拆严重地损害了执政党和政府的形象，激化了党群矛盾，这种后果，应该是任何头脑正常的人都能预计得到的，但为什么强拆仍然此起彼伏、屡禁不止？并不是因为各地官员不懂得其中的利害，而是因为他们背后有政绩压力、地方土地财政也在充当推手。舆论曝光、撤职法办等手段固然能对政府强拆行为起到一定的遏制作用，但是，从根本上说，如果不把功夫下在完善干部考评体制、建立降低地方政府对土地依赖的公共财政体系上，强拆现象仍然难以根除。

"跑部钱进"的现象也是一个典型例子。为了加强对中央各部门的"公关"，许多地方政府，甚至是县一级的政府，都在北京设立了自己的办事机构。这些办事处的功能，无非是一管接待本地领导；二管疏通与中央各部委的关系；三管遣返进京上访人员。"驻京办"广受公众诟病，形象甚是不佳。表面来看，中央出台相关规定，对设立办事处的行为加以约束和规范，拆了这些庙，让这些庙里的和尚无处安身，问题似乎就没有了。但事实如我们所见，这些措施治了标，却没有治本，"跑部钱进"现象死灰复燃的土壤依然存在。

其二是复杂性。经济、政治、社会等各种问题相互纠缠，头绪繁杂。一个问题往往和其他若干个问题串接在一起，牵一发而动全身，很难在不涉及其他问题的情况下单独得到解决。

例如前面讲到的各地驻京办泛滥的现象，同时与信访制度、财政制度及公费支出制度密切联系。在信访量指标像悬在地方官员头上一把达摩克利斯之剑的时候，想让压访、截访的现象消失是不可能的。压访截访的需要，是地方办事处存在的一个重要理由。

与之相应，我国现行财政转移支付制度的不完善，也是驻京办存在的理由之一。在我国现行的财政转移支付制度中，专项支付所占比例过大，致使各部门手中掌握了很大的自由裁量权。地方政府要获取各种专项资金，就不能不把大量精力花在"跑部"上。不从根本上改革这种公共财政的配置方式，就很难遏制办事处泛滥的势头。至于驻京办的花费堂而皇之地列入地方财政支出，存在大量漏洞，就更无需多作解释了。这几个方面，无论哪个方面的改革不深化，都无法防止由此产生的权力滥用和权力腐败。

其三直指执政党自身。在所有这些问题中，处于核心地位的是党的问题。我们党是唯一的执政党，所有行使权力的行为，本质上都是执政党的行为。人们一方面认同改革开放以来在执政党领导下取得的成就，另一方面，也必然把权力行使中的各种失误和不科学，都同执政党相联系。事实上，党自身的改革创新也越来越成为整个改革向前推进的关键。例如，无论消极腐败现象，还是劳民伤财的"面子工程"、"政绩工程"，或是上面多次提到的政府强拆，都和干部人事制度有着直接的联系。归根结底，还是因为我们的干部体制是一个对上负责、对少数人负责的体制，而我们一直倡导的"对人民负责"的原则，在制度上并未得到体现，至少是体现得远远不够。

这些年来，与经济发展相对应，大量社会矛盾堆积起来并表面化了，各种突发事件和群体性事件频仍。群体性冲突无论在数量上，还是在规模上，都呈上升趋势。这些矛盾和问题产生的背后，固然有各种复杂的原因，但从根本上讲，还是因为，在新的历史条件下，面对广大民众不断扩大和变化的利益诉求，我们在以新的理念、新的态度、新的方式和新的体制整合不同群体之间的利益、巩固和发展党和群众密切联系方面，和实际要求存在着距离。

可以说，今天的改革到了一个不进则退的关键阶段。承认这些深层次问题的存在，不是对改革的否定，更不是抹煞已经取得的改革成就，而是对改革的现状保持清醒的认识。

深化改革的难度在哪里？

下一阶段，随着深层次问题浮出水面，改革的难度会明显增加。改革从来非易事，需要不断克服困难、破除障碍。笔者以为，进一步推进改革，最主要的难点有三。

首先是理论创新。在改革开放实践不断发展的同时，中国特色社会主义理论的内容也在不断发展和充实。这些年来，理论工作者在概括理论体系上下了不少工夫，取得了显著的成果。现在的问题不在于理论本身，而在于发展了的理论与过去我们长期奉行的那套理论之间的关系。实事求是地说，新中国成立后，我们虽曾积极探索中国自己的社会主义道路，但最终还是接受了前苏联的那套以指令性计划经济为基础的"社会主义"理论。这套理论对马克思主义的理解，和今天我们搞社会主义市场经济所依据的理论，从逻辑起点到体系框架都有很大的区别。不能说前苏联人对马克思主义的理解全是错的，但按照他们的解读，确实无法得出社会主义市场经济的结论。相反，沿着这套理论的逻辑，我们还可能和市场经济背道而驰。这种理论上的两难困境，需要按照实践是检验真理的唯一标准的原则，通过对现有理论进行认真、全面、系统的梳理来解决。遗憾的是，迄今为止，系统地进行清理的力度远远不够，甚至对是否需要这样的清理也缺乏共识。结果是，两套有各自体系、逻辑的理论并存，给人们思想上带来了极大的困惑。一方面，由传统计划经济模式衍生而来的一些观点、观念、结论和思维方式依然发挥着作用，一些人还用它来充当评判今天改革正误得失的尺度，乃至这些年来不时出现对改革开放质疑的声音；另一方面，实践已经越过理论而迅速发展，与理论形成了巨大的反差。这种理论和实践相矛盾的状况，使理论往往难以自圆其说，降低了理论的解释力。在广大党员和干部队伍中，为什么比较普遍地存在信仰危机？在我看来，虽然有教育力度不够的因素，但最主要的，还是理论自身存在的矛盾导致了理论说服力的下降。

理论发展有自己的规律。理论创新必须遵循理论发展的规律来进行。实践表明，用运动式的"大兵团作战"来搞理论创新，或是通过组织系统把它作为任务分派到各个单位和部门，用工作创新代替理论创新，都难以满足理论创新的需求。近些年，国家把大量的资金投入社会科学，但效果如何，人们却评价不一。十分有必要对现有的理论创新机制进行研究。

其次需要打破既得利益。从革命党转向执政党的角色，从领导计划经济转向领导市场经济，有一个从理念到理论、从方式方法到体制机制全方位改革的过程。在改革没有完成之前，旧的体制仍然在起作用。不合理的、与变化的时代要求逐渐不相适应的体制不仅低效,而且其不合理的权力配置还会导致不合理、不科学的利益格局,沉淀为既得利益。这种既得利益又反过来操控改革,不是按照权力科学运行的要求、而是按照扩大自身权限的要求进行取舍,从而使改革变形。掌握着审批权的,不愿放弃审批权;掌握着用人权的,不愿放弃用人权;没有审批权的,千方百计制造审批权;什么也没有的,就去设置评判权等等。

当前,既得利益对改革的阻挠和随意解读日益明显,这方面的例子不胜枚举。改革"三公消费"的状况便很能说明问题。关于"三公消费"的数额究竟有多大,从不同角度进行研究的学者有不同的统计。多者说有几千亿,少者说有几百亿。不管从什么口径进行统计,"三公消费"数目惊人,这是不争的事实。从理论上讲,无论以党的性质来衡量,还是按党的宗旨来要求,或是从执政成本上来考虑,"三公消费"都严重损害了执政党和政府的形象,"降解"着公众的信任度。关于"三公消费"的巨大危害性,以及对之进行改革的必要性和迫切性,恐怕已经不存在认识上的障碍。然而,这方面改革的进展却一直不尽如人意。造成这种状况,固然有各种各样的原因,但其中可以确认无误的一条,恐怕就是一些既得利益部门的消极、拖延。长期的"三公消费",已经形成了复杂的利益链。只有打破这些链条,解决这个问题才有希望。

最后需要摆脱意识形态羁绊。从已有的历史看,马克思主义政党取得执政地位的道路具有相当的特殊性,由此也就决定了行为方式和路径依赖的特殊性。但是,我们看到,在取得政权以后,无论政党的性质有多么不同,面临的问题却都惊人地相似。它们都要稳定社会，都要发展经济，都要千方百计协调社会各部分之间的利益关系，都要谋求提高执政党在民众中的支持度和公信力，都要既掌权、又想方设法防止权力的腐蚀，等等。因此，如果说处在获得政权过程中的政党，由于其行为方式存在巨大差异而很难进行比较借鉴，执政党之间则有更多的相互学习之处。遗憾的是，对于这一点，我们长期缺乏认识。对于外来的东西，特别是来自西方的东西，我们往往简单地拒之门外。这种封闭的心态，使得我们把自己孤立于世界之外，难以跟上时代变化的步伐。

改革开放以来，这种状况有了很大的改变。对于人类文明、包括西方文明的成果，我们已经能够比较客观地看待，并且从吸收借鉴中获益。然而，彻底改变这种心态，看来并不是那么容易的事情。作为一种根深蒂固地存在并长期影响我们党的观念，一遇合适的时机，往往会出现反复。特别是近些年，受国际大环境的影响，教条地强调意识形态而封闭自己的取向似有抬头之势。在国际领域，我们和一些国家的矛盾和摩擦有所增加。这种矛盾，本质上是国家利益之间的矛盾，是随着我国发展、国际地位上升、导致了利益格局变化而自然会出现的正常现象。把握住这一本质作为解决矛盾的基点，非常重要。如果简单地把这种矛盾冲突归结到意识形态斗争上，不但不利于我们在今天的国际社会中发挥作用，而且最可能产生的后果，就是拒绝交流，拒绝吸收别人的经验，再度把自己孤立起来。无论对于国家发展，还是对于执政党的开放形象，这种做法都不会带来任何好处。说到底，还是那种唯恐因借鉴别人而丧失了自我的封闭型意识形态在作祟。我们过去已经因为在意识形态上"画地为牢"吃过大亏。历史的教训，值得我们认真汲取。

这些难点表明,下一阶段的改革,任重而道远,不由我们不产生一种强烈的危机意识。我们切不可以为,既然改革开放令经济取得如此巨大的成功,其他方面的改革、包括政治体制改革,就可以放慢步伐甚至原地踏步。我们不但应坚定不移地推进全面改革,而且还要有时不我待的紧迫感。

以什么样的精神推动改革?

"攻坚战"阶段的改革,固然要有战略思维,要精心设计、有序推进,但是在我看来,最为重要和不或可缺的,首先还是共产党人的责任感、使命感和担当精神,以及在此基础上凝聚的政治勇气。这是改革成功的先决条件。

改革是要改变我们已经走习惯的路,是要另辟蹊径,杀出一条血路,干的是前人没有干过的事业,肯定有风险。搞市场经济有风险,搞民主政治同样有风险。笔者观察到,一些研究者最近在大谈民主的局限性,把发展民主可能会带来一些意想不到的问题和麻烦当作一个新发现,试图以此来证明,在今天的中国,搞不搞民主并不重要。其实,这并不是什么新发现。从一开始出现民主,人们就同时看到了民主可能带来的问题。例如,亚里士多德论证,古代雅典"多数人统治"的直接民主制葬送了雅典共和国;托克维尔提出了不加限定的民主可能导致"多数人的暴政"的著名论断;约翰·密尔认为,在民主社会中,主流舆论和价值话语有可能压制甚至淹没处于少数地位的人们的意见,从而导致"民主的暴虐"等等。这些论断,都非常精辟地指出了民主本身的缺陷和不足。所以，重要的不是承认不承认民主有缺陷、有风险，而是面对这种风险时采取什么样的态度：是放弃民主，止步不前，甚至索性后退，还是顺应潮流，知难而进，破解难题，敢为人先，创造更加科学、更少缺陷的民主？这才是问题的要害。

历史上也确实出现过因看到了民主的缺陷而对民主失望、放弃民主的人。比较极端的例子，就是德国学者罗伯特·米歇尔斯。米歇尔斯对政党政治的研究，观察深刻，分析精辟，见解独到，在政治研究中占有重要的地位。通过对英美政党的系统考察，他得出的结论是：任何组织，即使是以民主为目标的组织，最终都不可避免地要变成寡头政治。这就是著名的"寡头统治铁律"。不幸的是，米歇尔斯因此而看不到民主的前途，以至于后来投入了意大利法西斯的怀抱。米歇尔斯的立场，对于今天面对民主大潮的我们，恐怕没有任何效法的价值。

承认风险，又不为风险吓住，就需要有政治勇气和担当精神。在这方面，作为我国改革开放总设计师的邓小平，是中国共产党人的杰出代表。20年前的南方谈话，今天读来仍然振聋发聩，一种强烈的责任感和使命感油然而生。固然，这首先是因为邓小平对当时一系列重大问题的阐述简明而深刻，但其中另一条同样重要的原因是，整个谈话体现出一种巨大的政治勇气和担当精神。这种勇气和精神贯通《谈话》始终，是支撑《谈话》的灵魂和主心骨。正是受这种勇气和精神的鼓舞，我国改革开放才又掀起高潮，迎来了一个新的发展阶段。可以说，没有邓小平的政治勇气，就没有改革开放的今天。

今天的改革，更需要我们有政治勇气。因为随着改革纵深发展，遇到的挑战、风险和考验都会比过去更严峻、更尖锐、更巨大。而且需要改的就是党自身，是我们党自己给自己动手术：规范自己的执政行为，限制自己的执政权力，割舍自己因执政获得的好处，健康、纯洁自己的队伍。我们不妨说，这需要那种"壮士断腕"的勇气。"断腕"，就肯定不像除去伤痂或指甲、头屑那么情愿、心情愉悦，也不像蜥蜴断尾或海参吐心那么简单、轻而易举，施一个"金蝉脱壳计"便度过危机，还可以照常生存。

触及深层次问题的改革，是有很大风险的。有一种说法，叫做"不改革亡国，改革亡党"。"不改革亡国"的说法是对的，因为墨守成规的国家只会在激烈的全球竞争中被淘汰。但是，"改革亡党"的说法却是不对的，用这个说法来拒绝改革，则更是大谬不然。通过改革实现党的与时俱进，党会变得更加充满朝气、充满活力，岂有反倒亡了的道理？但是，如果改得不好，的确会带来消极影响，乃至危及生存。也正因为此，才需要我们下定决心，鼓起政治勇气来推进改革。改革是有风险，但不改革只能死路一条。

当然，执政党的政治勇气和担当精神，也包括给改革者以更大的探索空间，让他们有机会大胆地试，大胆地闯。邓小平说过，我们党的好政策不是少数人坐在办公室里凭空杜撰出来的，而是人民群众和广大党员在自己的实践中经过不断探索、尝试总结出来的。我们只不过是在此基础上把这些经验加以提升，才有正确的政策。广大地方和基层的党组织处在改革开放的前沿，是党在新时期遇到的挑战和考验的直接承受者，因而有强烈的改革创新冲动。近年来地方和基层产生的许多创新成果，都体现了他们的这种积极性、主动性和创造性。这些尝试，不仅仅是在解决他们自己遇到的具体问题，同时也是在为整个改革探路，应当予以保护和鼓励。保护改革者，努力降低改革者因探索而带来的风险，同样是政治勇气和担当精神的重要体现。

下一步改革关键词:全领域新改革

赵 晓 史贵存

赵晓

经济学博士,北京科技大学经济管理学院教授、博士生导师,前国资委研究中心宏观战略部部长,中国经济学奖专家委员会委员。

改革开放 30 多年来，我国取得了举世瞩目的成就：国内生产总值（GDP）从 1978 年的 1482 亿美元，上涨到 2011 年的 7.46 万亿美元，年平均增速高达 10%，5 亿多人口脱贫。[①] 我们超额完成了"十一五"计划目标，中国的政治、经济、文化、社会正在中国共产党的领导下，朝着民主、富强、文明、和谐的方向继续发展。站在当前放眼未来，只有坚定不移地按照胡锦涛总书记所要求的"不失时机地推进重要领域和关键环节改革"，"继续推进经济体制、政治体制、文化体制、社会体制改革创新"，认真分析国内外矛盾，把握好全领域新改革的方向和节奏，才能续写中国发展的新篇章。

---

① 中华人民共和国国家统计局：《中国发展报告 2011》，北京：中国统计出版社，2011 年。

启动全领域新改革的紧迫性

经济风险。2011年，全球政局风起云涌、社会动荡空前、灾难战事频发。中国经济能在政府大力调控房地产市场、缓解国内通胀压力和A股市场持续低迷的前提下，保持8%以上的增速，并为世界经济增长贡献40%的推动力，实属不易。但是在未来1—3年内，中国经济将面临增速放缓的态势。作为经济晴雨表的A股市场，从去年年初的2800点下跌到年末的2300点，跌幅接近20%，继2010年跌幅14%之后，再次"熊冠全球"。持续严厉的房地产调控成效显现，中国面临虚拟资产泡沫破灭风险。外贸方面中国出口已进入减速通道，据商务部统计数据显示，[①] 2011年12月中国外贸出口额1747.2亿美元，增长13.4%，增速延续过去5个月的下滑趋势。国内实体经济领域发展动力不足，企业税费负担严重，民营企业生存环境恶化，地方债务危机显现；再加上社保体系不完善、收入差距不断拉大、地区发展不均衡、工薪阶层收入低等一系列问题，扩大内需面临重重障碍。在今年两会的政府工作报告中，2012年工作总体部署的GDP增长目标为7.5%，8年来首次放弃"保八"，并着重说明："国内生产总值增长目标略微调低，主要是要与'十二五'规划目标逐步衔接，引导各方面把工作着力点放到加快转变经济发展方式、切实提高经济发展质量和效益上来，以

---

① 数据来源：http：//www. mofcom. gov. cn/aarticle/tongjiziliao/cf/201201/20120107923402. html

利于实现更长时期、更高水平、更好质量发展。"除此之外,在发展的动力方面,我们还面临更多深层次的挑战。

第一,中国发展的人口红利、劳动力资源优势弱化。未来我国人口老龄化将进一步加剧,人口红利逐渐减少。另外,伴随着居民生活成本增加、劳动力整体素质提高和劳动力市场供求关系的转变,劳动力成本上升可能成为一种长期趋势。劳动力资源数量的相对减少、劳动力质量不高和劳动力成本的显著上升,势必会导致依靠廉价劳动力资源优势的发展方式难以为继。第二,我国面临经济发展的资源环境瓶颈,人均资源拥有量低于世界平均水平。中国石油、天然气人均储量不足世界人均水平的1/10,主要金属人均储量不足世界人均水平的1/4。① 未来中国的发展将会更加依赖国际能源市场,保障能源安全的任务十分艰巨。第三,中国科技创新向劳动生产率的转化还很低。我国的劳动生产率是美国的1/12,日本的1/11,创新对经济的贡献是40%,而发达国家是70%。2010年,我国研究与试验经费支出(R&D)占GDP的比重为1.75%,明显低于发达国家2%的水平。② 第四,经济结构失衡严重,产业结构、需求结构、就业结构不合理。我国产业结构是以工业为支撑的"二三一"的模式,第二产业比重较高,第三产业发展相对滞后。2010年,我国第三产业占GDP的比重为43.0%,而中等收入国家超过50%、高收入国家超过70%。需求结构不协调,投资率

---

① 马建堂:"全面认识我国在世界经济中的地位",《人民日报》,2011年3月17日。

② 同上。

偏高、消费率偏低。①

社会风险。随着2012年两会的召开，民众对于中国社会问题的讨论再次展开。近日，在各大网站举办的民意调查中，"缩小贫富差距"均位列前三位，这不是一个新话题了，但对此我们至今没有找到很好的解决办法。邓小平"让一部分人先富起来，先富带动后富，最终达到共同富裕"的理想，着实考验着所有中国人的智慧。30多年的改革开放，我们在"效率优先"方面取得了一定成就，但"兼顾公平"却被轻视。有些人错误地认为只要效率问题解决了，公平问题自然会得到解决，这成为贫富差距扩大的原因之一。如今，经济发展中掺杂了太多"公平缺失"的问题，一小部分人享受着改革带来的利益，而大多数人承受着改革的成本，贫富差距扩大的背后潜藏着巨大的社会风险。

收入差距拉大等原因导致了贫富悬殊：国家统计局有关数据显示，内地最富裕的10%人口占有全国财富的45%；而最贫穷的10%的人口所占有的财富仅为1.4%，社会财富结构堪忧。最近美国《新闻周刊》杂志披露，中国最富有的70名人大代表2011年新增资产总额超过了美国国会成员、国家总统、内阁成员以及最高法院法官总共535人的资本净值总和。根据中国"胡润百富"的资料，2011年中国最富有的70名人大代表的净资产总和达5658亿元，相当于898亿美元，比2010年增加115亿美元。报道说，相比之下，美国立法、司法和行政三个部门的660名高官的净资产总额仅为75亿美元。2010年，中国人均

---

① 马建堂："全面认识我国在世界经济中的地位"，《人民日报》，2011年3月17日。

GDP 为 2425 美元，与美国的 37527 美元相差 15 倍。难怪华盛顿布鲁金斯学会约翰·桑顿中国中心主任李侃如如此说："能看到这种程度上的政治和财富的结合真是太难得了"，"中国如今过分的财富分配不均必然会导致大规模的民众抱怨。"

  除了居民贫富差距拉大之外，中国社会近年来另外一个显著特征是公民意识的普遍觉醒和公共选择多元化时代的来临。社科院社会政策研究中心杨团指出，中国公民正在以前所未有的公民热忱和个体的权利自觉，通过公益慈善、公共事件、公民事件、公共政策四个领域，认真积极地投入到社会建设中去。新兴技术的兴起、新兴阶层的出现、交往模式的改变以及社会生活模式的变化，都已经颠覆了我们传统社会的运动模式，而这些变化都将对未来时代产生深远影响。家庭结构的变化，亦引起了社会结构以及社会行为模式的变化，当前家庭乃至社会的重心开始向代表年轻一代的"80后"倾斜；而这代人从小就接触现代化、全球化等先进的文化理念，这种家庭结构和成长环境的变化，将会对未来我国社会产生深远影响，他们更独立、更敢于挑战权威、也更具有现代意识。新农民阶层的存在，城市边缘人的兴起，不仅将改变城市治理模式，在他们的影响下传统的乡村生存模式亦将受到严重挑战；各种草根明星的涌现，折射出民众参与社会事务的热情，这是对社会运作模式的启蒙；与此同时，新的多元化社会变革亦开始酝酿，除了西方文化外，新加坡、韩国、台湾的兴起也给先进现代文明的交汇提供了多样化的色彩。如今，社会民众开始学会质疑，积极参与思想交流，并且正在以更包容、更多元、更理性的心态审视社会公共事件；同时，宗教信仰自由也给了更多人以精神上的选择。中共中央政治局常委、中央纪委书记贺国强曾表示，互联网快速发展拓宽了社会参与反腐的渠道。在信息爆炸的时代，通过微博的几何级扩散效应，丑陋和黑暗变得不易隐藏。

我们在庆幸民众意识觉醒的同时，也要谨记社会问题的产生仍然是社会力量过小的产物，我们离改革之初提出的"小政府、大社会"的改革理念还有很大的差距。相对于政治力量和经济力量，社会力量还非常弱小。政府依旧更多地采用控制和压制的管理手段，对民众缺少疏导。社会力量没有被有效组织起来，也不具备自我管理的能力，更没有纠正政府错误的能力。全国各地近年来出现了一些大规模的群体性事件，抵抗和抵制运动时有发生，可以说是执政党"城堡政治"的产物，即政治、社会和人民严重脱节的后果。如果"城堡"现象加剧，将必然造成国家和社会、政府和人民之间的严重对立，甚至引发冲突。

近年来，社会上关于信任危机、道德底线和价值观方面的讨论也同样值得关注。今年，新华社综合新华网、人民网等门户网站组织的"2012年两会调查"结果发现，网民最关注的"五个热点话题"分别是：社会道德建设、食品安全监管、缩小贫富差距、房产市场调控和加强反腐倡廉，其中超过80%的受访者认为社会道德水准在下降。食品安全令人堪忧，各种安全事故、暴力事件、社会丑恶现象屡禁不止……这都潜藏着极大隐忧。

政治风险。目前阶段，经济体制改革已经进入"深水区"，很多深层次矛盾单靠经济领域的改革已经无法完成。转变经济发展方式要求变革束缚经济发展的体制机制并防止其僵化，政治改革短板急需弥补。当前的社会形态下，如果想主动升级落后的生产力、生产关系，也需要顶层设计者进行大胆的实践。我国当前所面临的政治风险有以下三个方面：第一，党政界限仍不明确。从建国以来多年的政治实践看,"党政分开"是政治体制改革的关键。第二,政治民主化程度和法治程度仍需进一步扩大。今年的两会政府工作报告中,明确指出要"扩大社会主义民主,依法实行民主选举、民主决策、民主管理、民主监督,保障人民的知情权、参与权、表达权和监督权","全面贯彻依法治国基本方略,尊重和维护宪法和法律的权威,严格依法行政,坚决纠正有法不依、执法不严、违法不究、粗暴执法、渎职失职和执法腐败等行为。"民主化、法治化对国家和人民的重要性可见一斑。第三,反腐倡廉任重道远。

我们不妨来讨论下"广东模式"。广东模式,就是敢于去啃行政体制、社会管理等改革的"硬骨头"。面对改革的敏感区和经济主体多元、利益诉求多样、社会矛盾增多、管理难度加大等挑战性问题,广东没有回避,反而选择正视阻碍改革推进的深层矛盾,大胆探索行政体制改革和社会管理体制改革,走出了一条新路。广东模式试图赋予"深圳模式"以政治、文化与精神的内涵,在思想解放的口号下,进行了诸多体制改革。例如,东莞"腾笼换鸟"、广州的财政公开、破 GDP 神话、网络问政、顺德大部制改革与深圳权力制衡试验等。这两种模式要相互借鉴、相互学习,取他人之长补自身之短,共同为未来中国改革作出贡献。中国各地区的经济发展状况、改革深入程度和当地政府的社会管理理念都有所不同,改革的路径会存在相当的差异。如果需要进行评价,关键要看其价值取向是否真正代表最广大人民的利益。

中国当前主要矛盾的分析

结合当前国情，并在仔细分析中国改革和发展现状的基础上，笔者认为中国目前国内的主要矛盾可以分为：民权、民生诉求同政府职能缺失的矛盾，人民大众同新三大利益集团的矛盾。

首先是民权、民生诉求同政府职能缺失的矛盾。公民权利，简称民权，是为公民所拥有、为政府所保障的合法权利。公民权利分为四类：法律权利、政治权利、社会权利和参与权利。所谓民生，主要是指民众的基本生存和生活状态，以及民众的基本发展机会、基本发展能力和基本权益保护的状况等。政府职能，亦称行政职能，是国家行政机关，依法对国家和社会公共事务进行管理时应承担的职责和所具有的功能。政府职能反映着公共行政的基本内容和活动方向，是公共行政的本质表现。前文已提到，当前中国的公民意识正在普遍觉醒，公共选择多元化时代已经来临。公民对自身民权、民生方面的诉求逐渐超出政府职能所能提供的服务和公共产品的范围。加之政府自身问题得不到妥善解决（例如腐败问题严重、公信力下降等），更加深了这方面的矛盾。建设社会主义公共服务体制和民主法制体制仍然任重道远。

民权、民生同政府职能缺失这一主要矛盾可以演化出很多子矛盾。例如，发展市场经济与民主政治落后的矛盾。市场经济本与民主政治紧密相联、相辅相成：民主政治是市场经济的依托，为市场经济提供保护和服务；市场经济的繁荣确保民主政治的稳定。在中国，这一矛盾突出表现在政治体制改革滞后于经济体制改革，政府进行民主政治改革的意愿不强，形成改革短板，影响经济改革的深入。权与法的矛盾，本应是"权为民所用"，政府依法行使权力以维护民权，但现实生活里却常出现权大于法、有法不依、以权谋私的现象，权力也尚未得到应有的监督和约束。垄断与自由经贸的矛盾，在社会主义市场经济下，政府本应该为民众自由贸易提供保障和服务，但现实中，国有部门垄断严重，"玻璃门"、"弹簧墙"现象，地方保护主义，都会造成地区和行业发展的不平衡，严重影响民众生产和贸易积极性，使民生受到挑战。

其次是人民大众同新利益集团的矛盾。利益集团是使用各种途径和方法向政府施加影响，进行非选举性的鼓动和宣传，用以促进或阻止公共政策的改变，以便在公共政策的决策中体现自己利益主张的组织。笔者经过对中国当前利益集团的再思考，并在前人研究的基础上提出了"红黄蓝"新利益集团理论：中国当前的利益集团可划分为逐利权贵、垄断央企、割据外资。人民大众同新三大利益集团的矛盾是我国面临的另一主要矛盾。21世纪以来，由于市场化改革的减缓和体制改革的滞后，生产要素市场（特别是资本、土地市场）的不完善，给权力与资本的结合创造了条件。资本与权力高度依附，久而久之，旧体制下积累的财富陆续转移，形成了以逐利权贵、垄断央企、割据外资为代表的新利益集团。新三大利益集团都是精英联盟的体现，都是既得利益集团。此外，它们三者之间也存在着竞争、合作与博弈，而且在新三大利益集团作用下，极易形成对应的三种产业割据，损害人民大众的利益。

这一主要矛盾同样可以演化出许多子矛盾。例如，贫富悬殊的矛盾。新利益集团凭借特权和自身能力，影响利益分配机制，减少民众获利机会，甚至以不公平、不公正、不透明的方式，攫取广大人民的利益，以致"两极分化"现象越来越严重。再来看二元结构的矛盾。农村、农民作为与新利益集团对立的典型代表，在很多方面都享受不到公平的待遇；户籍制度加剧了城乡矛盾、工农矛盾，城镇居民与农民在就业、社保等方面都大不相同；耕地占用方面，农村土地是集体所有，农村耕地被征用做建设用地，却往往没有给农民足够的补偿。

全领域新改革的方向定位

我们应该清醒地认识到，中国未来20年到30年的发展情况，将取决于今天的选择。我们当前10年的发展目标是，全国真正达到小康水平。到2020年，要在优化结构、提高效益、降低消耗、保护环境的基础上，实现人均国内生产总值比2000年翻两番；全国城乡55%的居民家庭年收入达到6—20万元。同时，要建设生态文明，并在全社会牢固树立生态文明观念。为此，我们要深入贯彻落实科学发展观，加快转变经济发展方式，自觉坚持中国特色社会主义事业总体布局，全面推进社会主义经济建设、政治建设、文化建设和社会建设，并在此基础上，深入进行包括经济改革、社会改革、政治改革在内的全领域新改革。实现"三步走"的战略目标，即到建党100周年时，使国民经济更加发展，各项制度更加完善；基本实现现代化，建成富强、民主、文明的社会主义国家。与此同时，我们要正视当前所面临的经济风险、社会风险、政府风险，以及资源环境风险和外部风险；正视当前国际国内主要矛盾，克服改革阻力。

我国全领域新改革在经济建设方面的方向定位是：第一，通过结构性改革以加快市场经济体制转型。重新界定并优化政府职能；打破国有资产垄断效应，促进竞争，大力扶持民营部门发展；推进国有企业和金融改革及结构重组；深化土地、劳动力和资本市场改革，发挥市场价格对资源配置的主导作用。第二，形成开放型创新体系。科教兴国，加快先进技术、经营管理理念引进，融入全球科技创新网络；增加教育、科技研发经费支出，加快科技成果转化；建立健全现代产权制度，加快社会主义法治建设，形成以产权为基础、法律为保障的市场逻辑；大力扶持战略型新兴产业发展，构建创新型国际城市，打造世界著名品牌和新商业领袖；扩大国家研发支持，整合资源以建立覆盖高校、科研院所、社会机构、各类企业的科研体系，实现科研创新、成果转化和财富创造的有机结合。第三，建立科学的现代化财税体系、金融体系。科学提高财政收支的连续性和可持续性；结构性调整财政收支以应对社会和环境挑战；确保各级政府预算、开支同其职责和支出范围相平衡；提高资源动员效率和政府财务管理效率。第四，把握低碳经济、绿色发展机遇。普及全民绿色环保意识，倡导低碳生活新风尚；探索建立绿色低碳发展激励机制和破坏环境资源问责机制，完善相关法律法规；制定低碳、绿色行业标准，增加政府财政支持，吸引国内外投资；寻求科研体系支持，建立健全碳交易市场、碳关税制度。第五，确保全民机会均等，完善全民社保体系。为农村居民和农民工提供公平的公共服务；建立并完善覆盖全民的社会保障体系；动员社会力量为公共服务融资，并提供相应的监督和管理。第六，与更多国家建立友好合作关系。友好合作、互利共赢，共同致力于建立开放的全球贸易体系；加快融入全球金融体系，加深交流合作，分享发展经验；以更具创造力的方式承担大国责任，维护世界和平与发展；积极参与国际法律、法规和新标准的制定，倡导和谐世界。

在社会建设方面的方向定位是：第一，建立社会财富公平分配机制，扩大就业人口，保护劳动所得。加大财税、金融等方面对就业的支持，提高公民收入占GDP的比重，增进机会均等，打破资源、财富、机会垄断，坚决取缔非法所得；明晰土地产权，深化落实"三农"政策，科学促进农业发展，推进社会主义新农村建设，切实提高农民收入；加大对小微企业的扶持力度，以创业带动就业，加强职业技能培训和公共就业服务体系建设，建立覆盖全民的失业保障体系；进行户籍制度改革试点，确保进城务工人员和其子女享受均等权利，保护其劳动所得不受侵害，大力改善高校毕业生就业状况；减轻中等收入者负担，调整央企利润分配模式，藏富于民。第二，提高人民生活幸福指数，减轻工业化、城市化阵痛。打破GDP政绩考核机制，转换地方政府工作重点，杜绝政绩工程和重复建设，大力开展惠民安居工程；大力改善民生，优化人居环境，维护社会公共安全，特别要确保食品安全、医疗卫生安全；加强全民社会保障体系建设，扩大社保覆盖范围，大幅提高城镇基本养老保险、失业保险、工伤保险和生育保险的参保人数；保障公民言论自由、新闻出版自由和宗教信仰自由，倡导伦理道德，推进诚信建设；尊重思想自由和公共文化选择，引导形成积极的社会主流意识形态；构建和谐社会、法治社会，破除新利益集团，依法打击腐败犯罪。第三，强化政府公共服务职能，鼓励社会管理创新。坚持以人为本和服务为先理念，鼓励创新社会管理，排查化解各类社会矛盾；鼓励兴办各类不以营利为目的的非政府组织（NGO），提倡公益慈善精神和志愿精神，壮大社会力量，开展健康的社会运动；提倡基层群众管理自治，搭建农村、社区群众自我管理平台；创新网络管理方式，既要杜绝不良信息传播、打击网络犯罪，又要保护网络言论自由、倡导文明上网。

在政治建设方面的方向定位是：第一，积极稳妥地推进政治体制改革。进一步扩大基层民主，完善人代会制度和多党合作与政治协商制度；要推进党内民主建设，并且以党内民主来带动社会民主的发展；按照建设和谐社会和全面建设小康社会的要求，进行公民意识的教育培养；遵从中华人民共和国宪法精神，保障公民权利不受侵害，保护和尊重人权；进行行政体制改革，转变政府职能，建立完善有效的权力监督机制；将政治体制改革与社会主义市场经济发展结合起来，使上层建筑适应经济基础的要求，同时又能进一步促进社会主义市场经济的发展。第二，建立法治社会，坚持依法执政，以法治观念来约束政治运作。严格按照法制化、程序化的要求执政，规范政治过程，依法限制、纠正政治活动中的违法、违规行为，保证政治决策结果代表最广泛人民的利益；立足于民、取信于民，及时把握群众的思想动态，了解公民的政治主张，倾听广大群众的心声；应对政治矛盾要做到求同存异，不激化矛盾，善于疏导而不是"以暴易暴"式的压制，营造一个宽松、和谐的政治环境。第三，加快推进政治制度的建设与创新。一方面要注重顶层设计，进行自上而下式的改革，另一方面也要看到地方势力、民间力量及部门的改革潜力，鼓励进行自下而上式的改革创新。广大群众和地方政府在实践中积累的政治制度建设经验，要在概括总结的基础上予以确认和推广。例如，前文所提到的"广东模式"，它对于阻碍改革推进的深层矛盾，没有选择避让而是大胆探索，积极尝试行政体制改革和社会管理体制改革方式。再如，农村基层组织建设中的"两推一选"制度、人大代表直选、乡镇长直选，许多地区探索的"村财镇管"制度，以及对政治职能部门的群众评议制度等，都反映了群众的政治智慧和实践结果，对于政治文明的发展具有重要意义。在政治制度建设中，还应发挥两个积极性，实行领导与群众相结合。

对于当前新改革的政策建议

未来中国，要合理安排改革措施的顺序，进行渐进式改革；凝聚群众力量，团结不同阶层，以达成广泛的新改革共识，妥善应对国内外消极势力的冲击；继续提倡并增加地方的改革试点，适度放权、鼓励创新，同时对地方政府的规划进行严格评估；最重要的是发掘人才、使用人才，培养出色的顶层设计者、强有力的领导者和踏实奋进的基层工作者。

经济改革方面。要完成向市场经济的转型，大力发扬市场逻辑和企业家精神；加快开放型科技创新步伐，大力发展战略型新兴产业；推进绿色发展、低碳经济，变环境资源压力为绿色增长动力；建设科学的现代化财税体系、金融体系和资本市场；进一步加快融入经济全球化、区域经济一体化，将中国的结构性改革与世界发展接轨，与更多国家建立互利共赢关系。

社会改革方面。要增进机会均等、收入分配公平，缩小贫富差距；倡导伦理道德，注重民权、民生，打击腐败犯罪；完善全民社保体系，构建法治社会，破除新利益集团；改善社会管理，改进政府职能，提升公民安全；保障言论自由、宗教信仰自由，构建和谐社会；打破文化禁锢、思想束缚，倡导普世价值。

政治改革方面。要依法执政，坚定信仰，防止精神懈怠；解放思想，打破窠臼，弥补能力不足；保护民权、民生，紧密团结群众，杜绝消极腐败；强调政治伦理，加快政府建设、政府转型；放权改革，精简行政，实现决策、执行、监督三权分设；推动行政体制改革，创新社会管理体系，建立公共服务体系。

全领域新改革致力于把中国建设成一个由创新和思想推动发展的经济体，一个高收入、高幸福程度的国家，一个拥有人与自然、经济与社会、国内与国际和谐的国度。

强调"中国模式"可能误导改革

高尚全

高尚全

高级经济师。中国经济体制改革研究会会长,中国企业改革与发展研究会会长,中国经济改革研究基金会理事长,中国(海南)改革发展研究院院长;第九届全国政协委员、经济委员会委员;联合国发展政策委员会委员;北京大学、上海交通大学兼职教授、博士生导师,浙江大学管理学院名誉院长,教授。

不能把应对危机的政策措施，用"中国模式"固定下来

为了应对国际金融危机，中国政府出台了扩大内需的十大措施，得到了国内外的好评，在全球率先使经济走出了困境，2009年实现了9.2%的经济增长速度。在这种背景下，引发了"中国模式"的争论。

有人认为，应该充分肯定"中国模式"，用应对国际金融危机取得的巨大成就来佐证"中国模式"的伟大，中国所以出现奇迹，就是因为形成了"中国模式"。我并不反对"中国模式"的讨论，但我反对把"中国模式"界定为：政府行政主导，受控市场。我认为，所谓模式是定型的东西，如果把政府行政主导、受控市场作为"中国模式"，就会转移我国的社会主义市场经济的改革方向，就会影响深化改革。

在国际金融危机中，各国政府纷纷出手对金融危机进行干预，这是现代市场经济国家应对严重经济衰退的通常做法，并非是对市场经济体制的否定。我国仍处于穿透计划经济体制向社会主义市场经济体制转型阶段，消除走向市场经济体制障碍仍需要我们付出极大的努力，不能由于紧急或危机状态下必须采取一些特殊政策而否定市场经济体制改革的基本方向。政府的政策如何撬动市场力量应该成为考虑的重点，而短期不得不直接介入市场的行为应避免过度，同时要考虑经济运行恢复常态时的"淡出"安排。

所以，不能把应对危机的政府行政主导的政策措施，用"中国模式"加以固定下来。政府政策的重点在于撬动市场，而不是代替市场。强调"中国模式"，容易理解为中国改革已经到位了、定型了，不需要再深化改革了。

配置资源的主体是市场，而不是政府

现在，有人一提宏观调控往往与政府行政主导联系起来，所以我们必须正确理解宏观调控。

十四大提出，"社会主义市场经济就是要使市场在社会主义国家宏观调控下发挥基础作用"，这是十四大的表述。后来到了十四届三中全会，表述有所改动了，改成"社会主义市场经济就是要使市场在国家调控下发挥基础性作用"。到了十六届三中全会，我在参加起草《中共中央关于完善社会主义市场经济体制决定》时提出，"要从源头上完善宏观调控体系"的建议。我提出，原来的表述并不科学，因为：

一是宏观调控是资源配置的前提条件，还是市场经济的重要内容？十四届三中全会提出的社会主义市场经济体制的五大支柱之一，就是社会主义市场经济必须有健全的宏观调控体系。二是资源在市场配置的基础上发挥政府的作用，还是资源配置在政府的作用下发挥市场的作用？三是资源配置的主体是政府还是市场？是政府行政主导型还是市场主导型的市场经济？四是宏观调控的含义是什么？应该主要是运用货币政策和财政政策调节经济的运行。五是谁代表国家进行宏观调控？国务院当然是代表国家，但省市也说自己代表国家，所以各地都争夺宏观调控权。

起草小组经过认真讨论研究并经中央同意，不再提"使市场在国家宏观调控下对资源配置起基础性作用"，只强调"更大程度地发挥市场在资源配置中的基础性作用"。这是十六届三中全会通过的《中共中央关于完善社会主义市场经济体制决定》的正确表述。应该说这个表述是科学的，与时俱进的。但在实践中还是强调国家宏观调控，过多地强调政府的作用。目前各级政府和部门中过分强调自己的宏观调控职能，很大程度上是计划经济时期行政性控制的翻版。必须明确，政府宏观调控不是资源配置的前提，配置资源的主体是市场，而不是政府。

宏观调控要更多地运用间接调控，尽可能少用行政手段。政府如何改革宏观调控方式、提高宏观调控的有效性，是当前和今后必须解决的重大问题。一是随着改革的深化，我国经济的市场化程度已经较高，传统的行政方式进行调控所起的作用不会很大。二是长期以来由于计划经济体制所产生的主要是总需求膨胀的倾向，现在已经让位给由于市场经济体制所产生的供给过剩倾向。这就是说宏观调控的背景和基础发生了变化。

因此，调控方式必应发生变化。三是依靠行政审批制度和管制来加强宏观调控，容易造成权钱交易，容易抬高企业的准入门槛，造成某些行业的人为垄断，提高某些行业的利润。管制越严、利润越高，地方的积极性就越高。四是行政手段容易加大改革和发展成本。因此，要尽量少用行政手段。

转变经济发展方式，关键是转变政府职能

政府在市场经济条件下要坚持科学发展观。按照科学发展观的要求，发展不限于经济范畴，提高人民物质文化生活水平、普遍实现社会公正、制度文明与社会进步相适应，都将成为发展的重要内涵。因此，政府职能转变不仅是贯彻科学发展观的制度前提，而且必然要求进一步调整政府与市场、政府与公民、政府与社会的关系。

坚持科学发展观，还要求正确处理好集中与分散决策的关系。改革开放以来，传统体制高度集中的弊端已被认清，但集中体制"能办大事"的认识误区依然影响深远。而科学决策和执行存在多种约束条件，如信息对称与否、利益取向是否"一致"、决策目标是多重还是"单一"的、长期决策还是短期决策等等，不解决约束条件问题，很可能大事办不成，负面影响不小。市场经济客观上要求分散决策，政府存在很强的"集中偏好"，就难于根据市场经济的实际进程切实转变职能，反而会把不适当的决策"强加"给市场，甚至代替市场选择。这显然不利于社会主义市场经济的发展。

要充分认识转轨时期政府的特殊性。政府与市场必须分野，

但与成熟市场经济国家的政府相比，转轨国家的政府依然具有一些特殊的发展职能，政府对经济的干预因此是不可避免的。对一个转型中的经济体来说，更需要论证的是：政府的哪些干预是现阶段必须但长远是要"退出"的，哪些干预无论现阶段还是长远都要"退出"，哪些干预是现阶段和长远都是必须的。只有回答了这些问题，才能真正解释和处理好转轨经济中政府和市场的关系。

转轨国家的政府与市场关系，远不像成熟市场经济国家那样基本"定型"，而是一个市场关系逐步发展与政府职能转变的互动过程。但只要坚持社会主义市场经济的改革方向，就必须确立市场机制在资源配置方面的基础地位，这是市场经济的基本特征。在从高度集中的计划经济体制向市场经济体制转轨的这个历史背景下，市场经济发育不成熟是必然的。现实中的诸多矛盾更主要的是由于市场经济不成熟、市场机制作用不充分所致，并非所谓的市场机制"缺陷"。"权钱交易"和公共领域的"缺失"恰恰是市场经济不成熟的表现，是市场"边界"不清的结果，不能作为指责市场经济或市场机制的依据。问题的症结在于，在处理政府与市场的关系方面，究竟是强化政府职能转变，让市场竞争和资源配置更充分地发挥基础作用，还是强化政府对经济的直接控制力，这是根本方向问题。这个问题搞不清或方向反了，不仅无法最终完善市场经济新体制，而且会对中国经济增长的可持续和稳定形成重大障碍。

我国的经济体制改革正进入向更加广阔的领域纵深发展的新阶段，经济、政治、社会和文化等诸方面的改革交织在一起，性质之深刻、任务之艰巨，将大大超过以往任何时期。特别要实现 2020 年的目标，任务更艰巨了。2020 年的目标有两个：一是建立完善的社会主义市场经济体制,二是要建成惠及十几亿人口的更高水平的小康社会。还有不到 8 年时间了,怎么实现这两个宏伟目标?我们必须有紧迫感,真正拿出更大的决心和勇气推进改革,同时要加强改革的顶层设计,不然有落空的危险!

也谈改革共识

孙立平

孙立平

　　清华大学社会学系教授，博士生导师。2006年被《南风窗》评为"为了公共利益年度人物奖"。

"不改不行"已成社会基本共识

在经历了若干年的沉闷之后，改革的呼声再起。新一轮的改革有望重启。早在六年多前，在发表于《经济观察报》的访谈录《中国改革到了哪一步?》中，我曾经提出一个判断，"改革共识已经基本破灭，改革动力已经基本丧失"。而且，在随后的若干年中，我一直坚持这个观点。但在今天，我反倒认为，现在改革的共识又正在重新开始凝聚，推动新一轮改革的条件已经出现。

这之间矛盾吗？不。原来说的改革共识破灭，是因为当时的一些改革已经开始走样变形，造成社会中利益关系严重失衡，甚至使改革成为"掠夺财富的战争"，由此，在一般民众中出现了相当程度的对改革的质疑。而说今天改革共识正在形成，并不是因为人们开始重新认同过去那种造成利益关系严重失衡的改革模式，而是基于近几年的现实形成的"不改也不行"，甚至

"不改更不行"的认识。换句话来说，是基于"如果继续下去不行了"的这种对现实的判断以及对未来的可能的危机的担忧。

这里特别需要注意的是，"再继续下去不行了"，现在已经成为一种具有相当普遍性的社会共识，这种共识现在开始被人们用各种或明或暗的方式表达出来。有人说，改革在和危机赛跑；也有人说，改革在和革命赛跑。这些说法都表明了现在改革的迫切性。

改革的迫切性不仅源于原来改革的进程并没有完成，更在于"转型陷阱"所酿成的新的危机。在不久前的一个报告中，我们提出了"转型陷阱"的概念。如果仔细分析，促成这种转型陷阱形成的，实际上有两个因素。一个因素是，在改革过程中发育和形成的既得利益集团要求停在这里，将体现权钱结合的所谓过渡性体制定型化。另一个因素则是，由于既得利益集团滥用了改革，败坏了改革的名声，使得相当一部分民众对这种改革发生怀疑。转型陷阱的形成，就是这两个因素交互作用的结果。然而，随着时间的流逝，人们发现，在这种转型陷阱中，利益关系进一步失衡，社会矛盾不断加剧，经济社会生活中的弊端在进一步严重化，甚至可以说，整个社会的危机在不断加深。

正是在这样一种背景下，变革的要求在重新孕育，新的改革共识在开始重新凝聚。其实，就目前的改革共识而言，尤其要强调下面的两层含义：第一，现在不仅不改革是不行的，而且可以说，改革已经到了刻不容缓的地步；第二，现在所需要的改革，零打碎敲已经远远不够，要有整体上的推进，实质性的变革。

新一轮的改革应当是"改革再出发"

现在有一种说法，在改不改的问题上已经有了很强的共识，但在改什么以及怎么改的问题上，还有着很大分歧。其实并不尽然。

如前所述，正在形成关于改革的新共识，并不是原来改革共识的延续，而是在新的背景下的再次凝聚，或者说的直接一点，是基于对现状的不满，基于对不改革的不满，基于对新的变革的期待。认识到这一点是非常重要的。因为如果看到新的改革共识重新凝聚的这种背景和原因，看到这是针对什么状况重新凝聚而成的，那么，也就大体可以看到，人们对于未来改革的期待是什么，人们要求重启的改革是什么。

改革新共识是在原有共识破裂之后的再次凝聚，这种背景明确告诉我们，现在是不改革已经不行，但按原来的老路子改也不行。也正是在这种意义上，我2006年时曾经提出改革"再出发"的说法。也就是说，新的改革不是简单地"深化改革"或"改革攻坚"，而是改革的再出发。要看到，在中国改革进行了30年后，之所以会陷入"转型陷阱"，在很大程度上是过去改革模式内在的逻辑使然。如果仅仅是继续过去的改革模式，20年后，我们有可能还会走回到今天。正因为如此，要真正有改革的再出发，就需要对原来的改革进行系统的反思，形成新的改革思路和设计。这里特别要指出的一点是，现在很多人对过去的改革思路比较熟悉，做起来也轻车熟路，因此，一提重启改革，人们的思维就会定位在这条路上。一定要看到，在今天社会严重两极分化、社会不公的问题日益突出的现实情况下，不加反思地延续这条改革思路，很可能使改革失去很多人的认同，并在改革实践上造成种种问题。因此，改革的再出发，意味着新的改革思路和改革模式。

在这种新的改革思路中，要将公平正义作为未来改革的基本方向和价值取向。因为无论是从凝聚新的改革共识，还是从解决"转型陷阱"造成的种种困境，抑或是从建设一个好的社会的角度来考虑，公平正义都是需要解决的核心问题。因此，新一轮的改革要以公平正义为取向，建立起一套能够保障公平正义的新体制。这种新体制既能约束权力和资本，促进社会公正；也能抑制垄断，激发经济发展和社会生活的活力。

这里特别要指出的是，在新一轮改革中，促进权利平等的改革要处于一个非常重要的位置。要意识到，在过去30年的改革话语中，平等的问题一直摆不上位置，甚至有人将这种要求看作是与改革所追求的市场经济和效率相矛盾的，是需要破除的。这也是后来改革走样变形，甚至导致社会不公加剧的重要原因。结果是，改革成为财富掠夺的战争，改革的共识也随之破裂。不久前，经济学家华生指出，当一个社会的一般大众之间也存在着巨大的权利不平等时，政治改革是有风险的。从这个意义上说，平等权利是当前中国最需要解决的问题。因此，在未来的改革中，权利平等应当占有一个重要的位置。其具体内容至少包括如下几点：一是社会平等，包括改革户籍制度，逐步取消社会保障中的双轨制甚至多轨制等；二是经济平等，破除垄断，平等的准入制度，生产要素的自由流动等；三是政治平等，包括破除领导干部的特权，实现人大代表的合理构成等。

政治体制改革处于中心地位

要在深层次上解决我国社会中的种种弊端，要为公平正义取向的改革创造条件，政治体制改革在未来的改革中要处于中心的位置。政治体制改革之所以要处于中心位置，不仅是因为在过去这些年的改革中政治体制改革的滞后，更重要的是，现在社会中许多弊端背后真正的原因，实际上就是政治体制问题。而且，现在人们越来越明确地认识到，如果说在改革初期，阻力主要是来自意识形态的话，那么在今天，改革的阻力已经主要是来自现有的既得利益格局。没有政治体制改革，就无法打破这种既得利益格局，真正的改革也就无从谈起。

而下一轮改革的实质性问题也就在这里。如果说在改什么的问题上有分歧的话，说得明确一点，这种分歧无非就是集中在政治体制改革上。

现在有人将这种分歧概括为，在政治上是走西方化、模仿美欧的路，还是应该建设有中国政治特色的现代国家。其实，这是将政治体制改革过于意识形态化。现在的问题是，我们不但不应该将诸如市场等经济体制中的问题意识形态化，政治体制改革中的许多问题也不能过分意识形态化。比如，前些年我们就提出作为政治体制改革的下述内容：领导干部财产公示，财政透明与监督，重大立法和决策的辩论与质询制度。试问，这与"西方化"或"中国特色"有什么关系？政治体制改革的基本出发点和标准，是看能不能解决我们社会中的实际问题，而不应当是"西方化"还是"中国特色"。能够解决中国问题的，无论是"西方化的"还是"中国特色的"，都是好的，都是应当推进的，否则，就是应当拒绝的。如果从这样的基点出发，在改什么的问题上，就不会有太大的分歧。比如，实现对权力的监督和制约的问题；通过法治建设，一方面约束公权力，另一方面促进经济社会生活秩序的形成的问题；在经济上破除垄断，促进非公经济发展的问题；进行社会建设，尤其是各类社会组织发育的问题；形成人们表达自己利益的机制，促进市场中公平分配的问题；转变政府职能，建设公共服务型政府等等，在这样的一些问题上，应当说，在整个社会中，是有着基本共识的。

其实，就目前我国的现实情况来说，无论叫不叫政治体制改革，关于权力，有三个问题都已经到了迫切需要解决的时候，即，提升政府权威，监督和制约权力，明确权力边界。

有人对政治体制改革之所以有种种担心，往往是由于害怕在政治体制改革中，政府的权力会受到削弱，而在目前转型期的中国，无论是在经济发展还是维护社会秩序上，都需要政府发挥重要作用。其实，这在很大程度上是一种误解。现在许多人都在批评这些年政府的权力膨胀得太快。这当然是一个事实。有人说，现在政府的权力已经到了无坚不摧、无事不成、无孔不入甚至是无利不谋的程度。但在另一方面，我们也要看到，快速膨胀的权力本身是非常脆弱的。这种脆弱性的表现之一，就是政府权威的不断下降以及由此造成的权力本身的低效和失控。

所谓政府权威，至少有这样几种含义。一是指对权力的一种自愿的服从和支持；二是指权力的有效性，即老百姓日常生活中所说的政府有没有权威；三是指对下级政府和官员的控制和约束能力,即上级政府的指令能不能被下级政府和官员有效执行。从这三重意义上来说,目前中国政府的权威很难说是很高的。现在政府不断膨胀的权力在很大程度上其实是外强中干。我在关于社会溃败的分析中就指出过,这个不断膨胀的权力最解决不了的问题就是内部失控。所谓政令不出中南海,所谓硬性的指标考核,所谓一票否决,现在甚至出现的就地免职的要求,其实就是权力失控的表征。在目前的权力体系中,权力的"蜂窝化"、部门化都是削弱权力有效性的重要因素。近些年来,一些垄断部门和大型国企,已经越来越具有独断专行的特征,甚至形成部门割据的现象。此外,近些年由于政府形象不佳,社会对政府权力的认同也成了问题,政府的公信力在不断丧失。结果就是权威基础不断削弱。在一个正常的社会中,政府是应当有权威的。从这个意义上说,政治体制改革的题中应有之义,就是政府权威基础的重建。这不但不是削弱政府的能力,而是强化政府的能力。

但政府权威的强化,必须以权力接受监督和制约为条件和前提。对此,有人使用了一个很好的比喻,政府的权力应当像孙悟空,既要有力量,也要跳不出如来佛的手心,也就是说要受到制约。这个比喻是很恰当形象的,也切中我们现有体制的弊端。而要使政府的权力受到有效的制约,需要在政治体制改革中解决一系列的问题,如权力运作的透明化和公开化,监督与制约机制的建立,这些都是不可缺少的。要实现对权力的有效制约,有的需要创设新的制度构架,有的其实完全可以在现有的人民代表大会的框架内进行。除此之外,还需要解决权力的边界问题。权力应当是强有力的,但其行使的范围必须是明确的、有限的。应当说,在这些有关政治体制改革的问题上,社会中也是存在基本共识的。

在宽松的氛围中推进实质性变革

至于改革推进的方式，可能确实是一个分歧比较大的问题。

就这些年的争论而言，所涉及的主要是以激进的还是以渐进的方式进行变革的问题。有人说，现在是越来越多的中国人支持渐进式改革，不支持激进改革。其实，激进与渐进的两分法会导致很多误解。中国过去30多年的改革，很难完全概括为渐进的模式。比如，国有企业的改革，几千万人失业下岗，几乎是以迅雷不及掩耳之势进行的。这无论在何种意义上都不能称之为渐进式改革。相反，在涉及一些重要的既得利益的改革中，则往往是以渐进式改革为名，掩饰着实际上的不改革。更进一步说，经过这30多年的改革实践，所谓渐进式改革的弊端也日益表露出来。现在回过头来看，在一个以渐进式改革实现社会转型的国家中，陷入转型陷阱的可能性会大大增加。因为在渐进式改革中，使转型过程停滞并定型化的机会太多，既得利益集团从容形成的条件更为有利。过去，我们过多地强调了渐进式改革的优势，现在看，渐进式改革陷入转型陷阱的危险性更大。

值得注意的倒是另一个问题，即顶层设计与民众参与的关系。近来，这个问题引起了广泛的讨论和争议。从一个方面来说，30多年改革的历程表明，没有改革的顶层设计是不行的。特别是在目前权力部门化，部门利益化的情况下，改革的方案往往由于这样的因素而走样变形。正因为如此，一些学者提出，改革要有顶层设计。但实际上，也有许多人对顶层设计持不同意见。经常有人论证说，中国的改革从一开始就是自下而上开始的。很多人举出农村改革，特别是小岗村的例子，来说明改革只有靠底层推动才有动力，特别是在今天的情况下，靠既得利益集团的自我觉悟自我革命，是靠不住的。在这样的观点的背后，其实往往是一种深深的忧虑，即在既得利益格局已经基本形成的情况下，如果仅仅强调顶层设计，谁能够保证"医生自诊"能成为现实？谁又能保证顶层设计不会变成既得利益集团的设计？这里需要明确的是，从历史上看，许多改革确实是基于下层的压力，但实质性的体制变革，没有周密的顶层设计和推动，是不可能实现的。从这个意义上来说，改革的基本特征就是自上而下的。尤其是在当前的中国，改革已经进入实质性体制转型的阶段，所涉及的往往是复杂的制度设计，其中有相当一部分涉及立法程序，在这种情况下，改革没有顶层设计是不行的。但这种顶层设计，必须以民众的广泛参与为基础和前提。在重大的改革举措上，在宽松的氛围中，进行公开的讨论和辩论，甚至在人民代表大会的框架内，进行实质性的辩论和质询，是非常必要的。而顶层设计本身，应当是公开和透明的，相当的一部分要通过公开的立法程序来进行。

在这当中，不妨将国有企业改革作为突破口，探索一条将民众参与与顶层设计结合起来的改革方式。近来，国企改革和破除垄断的问题又在成为讨论的热点话题。应当说，国企改革会是未来改革的一项关键性内容。国企改革的成功不见得意味着整个改革的成功，但国企改革的失败一定会导致整个改革的失败。而上一轮国企改革的负面影响，使得这一次的国企改革必须慎之又慎。无论是国企本身存在的问题，还是由其垄断造成的对整个经济的负面影响，国企改革已经势在必行。但这一次的国企改革如何改？重复上世纪90年代中后期的国企改革路子，只能会重新上演瓜分国有资产的盛宴。因此，现在许多人对国企改革持谨慎甚至反对意见，在很大程度上是担忧私有化可能造成国有资产的流失，使得现在的国有资产被少数权贵瓜分。对此，人们已经提出种种设想，比如，对已经成为上市公司的国企，一是将国有股份全部变卖，资金全部充实社保资金缺口；二是将国有股份全部分给百姓，这才能实实在在让百姓共享国企成果。还有许多诸如此类的设想。如果将这些设想进行充分而公开的讨论，最后形成以法律形式体现出来的顶层设计，找到一条更好的国企改革的思路是完全有可能的。更进一步说，如果在这当中形成一种既能体现民众参与又能体现顶层设计的改革模式，对于未来改革是具有极为重要意义的。

下一轮的改革无疑是艰难的。现在需要的是勇气、魄力与谨慎、智慧相结合，该渐进的渐进，该激进的激进。尤为重要的是，要创造一种真正有利于改革的宽松的社会环境与心态。从这个意义上来说，现在的中国又需要一场真正的思想解放运动，用诚意和实事求是的态度对所面对的问题进行负责任的讨论，正视当前的问题，不回避过去30年改革的失误与局限，坦承目前面临的困境、制约因素与难处，打通全社会同心同德之路，执政者有向前的决心，民众有理解解决问题难度的宽容，以社会和解的氛围，在公平正义的基础上重建向前寻求出路的共识。这才是实现改革再出发的真正条件。

经济体制改革的方向

吴敬琏

吴敬琏

国务院发展研究中心研究员、中国人民政治协商会议全国委员会常务委员兼经济委员会副主任、国务院信息化专家咨询委员会副主任、国务院发展研究中心学术委员会副主任。《改革》、《比较》、《洪范评论》杂志主编；复旦大学著名校友、香港浸会大学、香港大学荣誉社会科学博士。1984～1992年，连续五次获得中国"孙冶方经济科学奖"。2003年获得国际管理学会（IAM）"杰出成就奖"；2005年荣获首届"中国经济学奖杰出贡献奖"。

经济体制改革的方向,是当前许多经济学家甚至全国人民都在思考的一个问题。迄今为止,中国30年的经济改革一直是沿着十一届三中全会以来的方向走的,但是本世纪初以来出现了不同的意见和选择,于是改革似乎重新走到了一个十字路口,面临一个选择。以下,我就这段时间对此问题的思考,谈一些个人见解。

更加重视改革的顶层设计和总体规划

2010年中共中央制定"十二五"规划时提出两个要点。一个是整个"十二五"时期的主线是要实现经济发展方式的转变,另外一个要点是,实现这个转变的动力是全面改革。

"十二五规划纲要"在提出"必须以更大的决心和勇气全面推进各领域改革"的同时,还要求"更加重视改革的顶层设计和总体规划"。

此后,许多部门都在研究本部门的"顶层设计",学界也在讨论今后改革应当选择哪些重点领域和如何进行这些领域改革的"顶层设计"。从中央各个部门如财政、金融，直到一些具体的改革项目，如公立医院改革，都在谈顶层设计。我认为，这多少是对"顶层设计"的一种误读。

什么叫顶层设计？为什么提出这一说法？对此，有许多人也提出这样的疑问。

所谓"顶层设计"，原本是来自网络工程学（Network Architecture）的一种说法，英文原文是 top–down design。它是说在进行一个大系统的建设前，要从顶层开始，由上到下地进行设计。2001年国家信息化专家咨询委员会在讨论电子政务网络建设的问题时，发现许多地方往往热衷于购买最好的电脑、最好的外围设备来建设自己的网络，而不注意整个系统的设计。比如说，政府机关的内网和外网之间是采取物理隔离的方式、还是逻辑隔离的方式，中科院计算所所长李国杰院士首先提出了"加强顶层设计"的问题。一些IT方面的科学家指出，建设电子政务网络需要首先要在顶层设计一个网络，而不能从各个子系统开始着手，只有这样，各个子系统之间才有可能互相沟通、兼容、联动。时任国务院信息化工作办公室副主任、国家信息化专家咨询委员会主任的刘鹤主持了这场讨论。

为什么提出"要更加重视顶层设计和总体规划问题"

为什么"十二五规划"提出要"更加重视顶层设计和总体

规划"？原因可能有二：一个原因是不少人以为中国改革从来没有明确的目标和方案的设计，一直停留在"摸着石头过河"的水平上，而不了解中国改革在上个世纪已经形成了"社会主义市场经济"的顶层设计和总体规划，现在需要进一步加以完善。另外一个原因是本世纪初出现了另一种"顶层设计"，需要来比较哪一种"顶层设计"更加符合中国实际，更加正确和更加有可能成功的。

在我看来，说我们直到现在还在"摸着石头过河"，是一种误解。"摸着石头过河"是上世纪80年代初期的做法，因为那时我们与世界学术界已经隔绝了很多年，原来以为社会主义国家就一定是苏联式的体制，当事实证明这一体制是行不通的时候，对于到底怎样才行得通，心中是完全无数的。所以当时陈云和邓小平都提出"我们现在只能摸着石头过河"，"走一步看一步"。这种情况到80年代中期已经发生了改变。

在20世纪80年代中期，从决策层到经济学家和社会大众，都认识到改革总是摸下去是不行的。所以，就提出了一个"顶层设计"的问题。不过当时不叫"顶层设计"，而叫做"目标模式"。

1985年的巴山轮会议上，匈牙利科学院经济研究所研究部主任科尔奈（Janos Kornai）有一个关于改革目标模式的重要发言，提出现代经济的体制模式分为行政协调和市场协调两大类，两大类又分为直接行政控制、间接行政控制、没有宏观控制的市场协调、有宏观控制的市场协调4个子类，科尔奈倾向于选择有宏观控制的市场协调作为改革的目标。对此大家都很认同。后来，由于1988年经济波动和1989年的政治波动，对于中国应当建立什么样的经济体制，发生了分歧的意见。1989年以后，坚持计划经济成为主流。

1990年12月和1991年2月邓小平提出"社会主义也可以搞市场经济"以后，从1991年年中到1992年年中，中国的党政领导人到经济学家用了整整一年的时间进行了理论和实践结合的认真探索，最后在1992年10月的中共十四大上确立了中国改革的目标，这就是以市场在资源配置中起基础性作用的市场经济体系。这可以说就是当时确定的中国经济改革的"顶层设计"。在这个"顶层设计"确定以后，就开始了经济改革的"总体规划"，即各个领域改革方案和它们之间配合关系的研究。然后，1993年11月的中共十四届三中全会通过了《关于建立社会主义市场经济体制若干问题的决定（"50条"）》，形成了市场经济的总体规划和各个方面的具体方案。这一决定非常具体，受到国内外的普遍好评。1994年开始就按照这个总体规划进行改革。此后，1997年中共十五大又提出"调整和完善所有制结构"，对国有经济进行有进有退的"战略性布局调整"，以便确立"公有制为主体、多种所有制经济共同发展的基本经济制度"。不断改善的改革顶层设计和总体规划有力地促进了中国的经济体制改革，为中国经济的崛起奠定了体制基础。

不过我们必须认识到，中国在20世纪末建立起来的市场经济初步框架还存在很大缺陷。这一方面表现为它还保留着原有计划经济体制的若干重要因素，其中集中表现为，政府对经济生活的干预和国有经济对市场的控制。另一方面则表现为现代市场经济所必须的法治没有建立起来。

正是因为如此，2003年的中共十六届三中全会做出了《中共中央完善社会主义市场经济若干问题的决定》，要求在许多重要方面进一步推进改革。可是由于改革已经进入深水区，进一步推进改革会越来越多地触动政府和政府官员自身的权力和利益，改革的阻力非常大，也由于改革的进步，使中国经济开始崛起，各级政府官员普遍自我感觉良好，不觉得需要推进进一步的改革。在这种情况下，既无压力也无动力，于是改革步伐开始放缓。改革停顿不前，市场秩序混乱，权力干预加强使得寻租活动的制度基础得到扩大，于是腐败愈演愈烈，即便用严刑峻法也难以禁止，同时贫富差也愈拉愈大。现在回想起来，上世纪80年代末期民众群情激奋地批判的以"官倒"为代表的腐败，与新世纪出现的腐败是无法比拟的。

腐败猖獗和贫富分化加剧，为一些支持旧体制和旧路线的人运用民粹主义和民族主义的言说误导大众提供了机会。本来改革开放以来市场化、法治化和民主化的改革就不断受到来自支持旧体制和旧路线人们的质疑和反对。本世纪以来这种质疑的声音越来越强，而且在错误的舆论导向下获得部分弱势群体的支持。这些支持旧路线和旧体制的人们提出的"药方"或者叫做另一种"顶层设计"，就是动用国家机器来制止腐败和贫富分化；同时运用政府强大的资源动员能力，靠海量投资来营造炫人耳目的政绩。这样，就形成了一个恶性循环的怪圈——政府的控制越是加强，寻租的制度基础就越大，腐败也就更加严重；而腐败越是严重，在某种错误的舆论导向下，也越有理由要求加强政府和国有企业的控制力。

后一种"顶层设计"的初始形态叫"北京共识"，后来则被称为"中国模式"。其主要内容是依靠强政府、大国企，用海量投资来支持高速增长。这种政府主导的发展道路，在全球金融危机发生后从西方各国政府短期政策中得到鼓舞。其"优越性"似乎也得到了某些短期业绩的支持。实践中还出现了一些

"样板工程"，例如被"中国模式"的支持者所盛称的"高铁奇迹"，还有某些地方依靠政府的强力动员和大量注入资源实现的超高速发展等等。

于是就出现了建立在法治基础上的市场经济、还是国家资本主义两种不同的"顶层设计"之间的选择问题。在我看来，"十二五"重新提出"顶层设计"的问题，其实质是明确未来改革的正确方向。

争取形成新的"改革共识"

近几年事态的发展表明，出现了总结不同"顶层设计"之争，形成新的"改革共识"的可能性。

首先，近些年来，通过理论和历史经验的分析和讨论，越来越多的人认识到，倒退是没有出路的。其次，近来，那些采取"强政府、大国企"模式发展经济的部门和地方这种模式所造成的种种严重后果正在显露出来。因此，近来朝野上下推进全面改革的呼声开始提高，甚至出现了形成新的"改革共识"的可能。

这一新的改革共识不是脱离过去的基础重起炉灶，而是在原有的基础上更进一步。比如说上世纪 90 年代以后，特别是小平"南方讲话"以后形成的新的改革高潮存在着缺陷。其中最主要的缺陷是，1992 年以后就不再像过去那样，把经济体制改革和政治体制改革并提。事实上，中国改革进程中落后的方面，包括政府职能明确界定和国有经济有进有退的调整，都涉及到政治改革。正如小平在 1986 年讲过多次的，政治体制不改革，经济改革也落实不了。

"十二五"规划要求"更加重视改革的顶层设计和总体规划"所说的"改革",是指"经济、政治、文化、社会等领域的改革",因此,我们的顶层设计和总体规划,也应当不是某个单项改革的顶层设计和总体规划,而是全面改革的顶层设计和总体规划。

目前,各界人士正在对改革的顶层设计和总体规划进行热烈的讨论。对于经济改革总体规划的讨论,大体上涉及三个领域:一个是私用品领域,即"竞争性领域",包括市场开放、国有经济布局调整、农地改革、金融改革等项目;一个是公共领域,包括财税改革、民间组织发展等;还有一个是市场监管,包括从实质性审批到合规性监管、反垄断执法等。

对于政治改革的讨论,也大体上涉及三个领域:一个是法治,一个是民主,一个是宪政。至于三者具体包括哪些内容,它们应当有重点地进行,还是协同推进,这些问题,都还有待深入地讨论。

顶层设计要和基层创新相结合

社会经济体制作为一个巨型的系统,为了保证各个子系统之间的协调和互动,必须要有从上到下的顶层设计和总体规划。但是,进行顶层设计一定要倾听民众诉求,与从下到上的创新相结合,从地方政府主动探索获得启发和经验。

现在已经出现了一些地方的改革试验。比如上海从前几年起就要求国有资本退出几十个竞争性行业,而且每年都要检查落实情况。增值税扩围试点，也是上海市最先提出的，这项对发展我国的服务业很有意义的改革，很快就得到了一些大城市和国家财税部门的积极响应，有望加快增值税最终向消费型转型的步伐。

还有广东省的一些体制创新也很值得注意。一个是从2010年开始，时任广州市委书记的（现任广东省省长）朱小丹提出应该用"非禁即入"取代"准入"制度。现在他们已经获准进行宽松商务登记制度的试点。再比如深圳试水创新的民间组织无主管设立，现在已经在广东全省实施，实施效果很好，包括国家民政部的一些官员们也认为这样的做法是有益无害的。再有就是村民自治的选举制度。这本来是我国现有法律明文规定的制度，但是事实上绝大部分地方都没有很好地执行，现在广东乌坎树立了一个好的范例，也有可能减少今后推广的阻力。

许多基层的制度创新，往往都能为整体改革提供重要的方向提示和实施经验，甚至本身就具有全局意义。我们应当热情支持，使顶层设计和基层创新更好地结合起来，协力推进改革，这样，中国就必定能克服眼前的困难，在新的、更高的水平上重显辉煌。

抵达彼岸是一个逐步实现的过程
——改革三十年，转轨经济学的思考

樊　纲

樊　纲

经济学博士，北京大学、中国社会科学院研究生院教授；国家级有突出贡献的中青年专家，主要学术专长是理论经济学，长期从事经济学研究。现任中国经济体制改革会副会长，中国改革研究基金会秘书长，国民经济研究所所长。

彼岸已知

如果说,过去的一些说法都是过渡性的,那么,30 年之后的今天至少要明确,我们就是要向市场经济转轨,我们要建立市场经济基本的制度规则。

一般制度由哪些构成?一般说法是一个激励机制,一个约束机制,然后一套规则。制度是什么?它是一套约束人们行为、调节人们利益关系的一套行为方式的规则。有正式的制度,有文字、需要强制执行的制度,还有非正式的,通过文化等等体现出来的行为方式、行为约束等等。

1980 年代末 1990 年代初苏联东欧改革,出现了历史上没有过的现象:人们是要从一个已经存在的计划经济向另一个已经存在了的制度——市场经济变迁。这时的制度变革是一个目标已知的变革——市场经济对人们来说是已知的。由此产生了转轨经济学。

当时的苏联东欧很明确,就是 300 天、500 天要回到欧洲去

（现在东欧用的词也是要回到欧洲去），就是要把自己的制度变成欧洲、美国的市场经济制度。欧美的经济顾问们都到苏联东欧去给他们出了各种方案，300天、500天转轨，目标非常明确，这儿一个轨，那儿一个轨，你转过去。

起初，中国知道不知道改革的目标呢？一般的说法是，中国不知道。如果中国不知道这个目标，那么中国的问题就不是一个转轨问题，而是制度变迁问题。

仔细想想，我们知道不知道？改革初期，经济学界、政策界花了大量的工夫研究体制改革目标的问题，研究到最后，都是做了很大的妥协。从官方文件看，最早的转轨目标在十一届三中全会文件中提出，当时的正式提法是向"计划经济与商品要素相结合"，大概这么一个目标转轨。但把这三十年的全过程仔细想一想，哪一步改革，包括领导人，包括学者，不是要把香港是怎么搞的、新加坡怎么搞的、美国欧洲怎么搞的拿来借鉴？然后，你一定不可能一步实现这个东西，你就做很多妥协、很多变动。但是你每一步都在参照，下一步又出了问题了（转轨的过程如果是一个渐进的过程，它会出现很多中间形式，中间形式每一步往前走都会遇到新的问题），每遇到新的问题又是把别人的东西拿来参照。

每一次学者研究的时候，领导人前三个问题里面其中一个问题一定是：别人怎么搞的？市场经济国家怎么搞的？国际规则是什么？你一下子实现不了，就说明你不可能一下子完成转轨，但是转轨的每一步它的目标其实是有意识无意识的存在。你的参照系是存在的，是已知的。你的信息可能不一定完全，但你多少是知道一些的。

然后再想想经典的语录"摸着石头过河"。河是要过的，怎么过不知道，于是要摸石头，但过河这件事是明确的。要不要说清楚这个河是什么，不一定。为了某种原因不一定说清楚，但是我知道我要到一个彼岸去。我知道我的体制不行，我看到世界上另一种体制的效率比我好，我要向它学，要向那个彼岸过去，这一点其实是知道的。摸着石头过河这句话，过河实际上已经是说明了目标是已知的，只是路径不知道。

如果说，过去的一些说法都是过渡性的，那么，30年之后的今天至少要明确，我们就是要向市场经济转轨，我们要建立市场经济基本的制度规则。

我们可以有我们的中国特色，有过去的文化、历史，有中国特殊的关于制度的一些文化、概念，我们在历史长河当中会保留下来，但是这些都不影响市场经济所需要的基本制度（产权关系、法制、政治上的制衡和利益集团的参与）。形式可以是多样的，但是基本的制度要素必须要有——既然要转轨，就要真正在一些基本的制度问题上实现这个转轨。

在既得利益的约束下改革

补偿确实能够消除一部分利益冲突，会减少一部分利益的阻力，但有一些利益冲突是无法通过补偿来消除的。激进改革和渐进改革不是时间快慢问题，而是对待既得利益的不同方法。就建立新体制而言，激进改革不一定就快。

从计划经济向市场经济转轨的过程当中，中间的任何一种制度形式都是不协调、不稳定的，你会发现人人对它都不满意。只要新的利益集团不构成大多数，制度的进一步改革在政治上就一定是必然的。

明确了这三十年是一个转轨过程，假定知道起点、知道转向何处，需要研究的就是过程了。可以发现，转轨通常遇到两类问题，第一类是不愿意改，或者改不动；第二类是不会改，一改就乱了，不知道怎么改。用经济学语言说，转轨过程，实际是在旧体制下形成的既得利益的约束和信息不完全的约束下向着一个已知的制度转变的过程。计划经济向市场经济转轨，我们受两方面条件约束。一方面是旧体制的约束，旧体制怎么约束呢？通过旧体制形成的各种既得利益集团形成阻力。第二方面，每走一步都把别人的东西拿来看看，各种制度之间的关系，人们知识不足，必然产生一些混乱，这就是信息不完全的约束。

现在，通常说"解放思想"——既定意识形态阻碍了改革，要改革就要解放思想，这是大家三十年来一直说的话。

意识形态在制度经济学里是一个相对独立、但对制度有决定影响的因素。诺斯等人分析，意识形态可以降低制度变迁的成本。它可以使人们计算自己利益时更加无私，为新的制度而奋斗。为新的制度奋斗的革命者、创新者，更少考虑自己物质的利益，他想得更多的是原则、正义、道德，是社会的公正——因为制度是公共品，它不是私人消费，它是全社会的人都要消费的。

但是中国不是一个意识形态很强的国家，中国从来不是一个宗教国家，从来没有过宗教统治，从来没有因为宗教而发起战争。在中国，严格说来，要用意识形态的阻碍来说明改革阻力，其实不是很有说服力，不如苏联、东欧有说服力。也正是因为这个原因，所以苏联长期不能搞经济改革，因为政治上它没有一个说法，经济上动不了。中国没关系，原则放在那儿，该干什么我可以变通，解放思想很大程度上是一个变通过程。

对于中国，更重要的问题是：旧制度下形成的既得利益成为了新制度产生和发展的阻力和障碍。制度就是一套利益分配的方法，改了这个制度就是改了利益分配格局。制度转轨的根本内容是改变人们的利益关系，调整各个利益集团之间的关系。一定会有利益集团受损失，有利益集团获利，所以我们会看到支持改革的集团和反对改革的集团。

改革是一个非帕累托改进。帕累托改进，就是使至少一个人受益，而没有人受损。改革不可能没有人受损，因此不可能是帕累托改进（很多人把这个概念搞混了）。过去三十年的问题不是经济学问题，而是政治经济学问题。政治经济学研究的是非帕累托改进，是利益集团直接冲突的过程，不能靠价格机制、市场机制实现帕累托改进。因此，改革当中充满了冲突，有时候还充满了一些强制。

经济学历来有一个补偿理论。受益的人给受损的人一点补偿，从改革红利中、从转轨的效率改进所获得的新的利益当中拿出一部分补给那些利益受损的人不就好了吗？我们历史上也确实用了很多补偿的办法，比如价格改革时出现的"副食补助"，比如对下岗工人的补偿。

补偿确实能够消除一部分利益冲突，会减少一部分利益的阻力，但是解决不了全部的问题。有一些利益冲突是无法通过补偿来消除的：第一，特权阶层无法补偿。假如你过去属于特权阶层，改革后，你的绝对收入可能没有改变，甚至可能还提高了，但是相对收入下降了，你的社会感受低了，这无法补偿。

第二，如果补偿就是等于旧体制恢复的话，这个也没有办法补偿。比如说过去只拿钱不干活，现在，还是同样的不干活，也补那么多钱，相当于体制没有变；如果不干活钱会少下去，这时候收益相对少了，他一定是痛苦得多，这个阻力也消除不了。

第三，很多精神层面的东西是补偿不了的。比如意识形态改变了，他所信仰的一些东西在现实中变化了，这种精神上的东西无法用物质来补偿。

第四，还有一些情况，比如说改革红利，改革的利益往往不是短期能够获得的，短期内改革往往只是付出成本。最初改革的时候会有些混乱，出现巨大的成本，经济甚至都可能下滑。苏联东欧更是这样，它最初几年经历的是整个经济的下滑、衰退、人的收入下降等等。改革的收益往往五年、十年、二十年以后才能真正体现出来。这时候就会出现短期利益和长期利益冲突的问题，这时候没有办法补偿，你没有办法用未来收益补偿现在。

当年曾讨论过改革贷款问题。如果一个国家改革能够从国际上获得贷款，先贷款发着工资，保证现在的利益，将来有了改革红利以后再还这个贷款，改革的阻力可以小一点。当时论证世界银行要给改革国家贷款，但是中国这么大的国家不可能靠贷款来解决问题。因此，短期利益带来很大的改革阻碍，这无法消除。这就解释了，为什么老年人容易保守、容易反对改革，而年轻人支持改革——年轻人看得见未来改革红利，老年人可能看不见了。

北大一位学者姚洋正在写一本书，要解释中国为什么改革能够成功。他用奥尔森的一个概念，有一种政府叫"中性政府"，不是为了自己的利益工作，而是为了全民的利益工作。现实当中任何政府都有自己特殊的利益在里面，包括要当选、要长期执政，更私人化的话，要加上自己的亲戚朋友和个人利益在里面。他解释，如果中性政府存在，可以更容易地实现变革，更容易以全民的利益为目标而实现体制转轨。

真正的问题不是改革中的政府是否"中性"，而是政府是否能够克服一些短期利益，保证长期利益的目标，政客或政治家们有任期，一种政治体制如果能够使他们克服短期的眼光，追求一些长远的利益，这样就可以克服转轨过程当中的一些阻力，能够使这个制度更少一些短期的扭曲，不使因为短期的利益而阻碍了长期的发展。转轨的初期，往往最困难的问题是如何去追求一个长远的利益，是否形成一种机制或者一种政治制度，使得这种长期利益得以最大化。

从利益关系的处理上，对付改革的利益阻力有两种方法，激进的改革和渐进的改革，这是一个方法问题，不是时间快慢问题。激进的改革，基本的方法就是不顾既得利益的存在，强制地推行（也许给一点补偿），尽管社会要发生冲突，尽管很多人不满，但是也要推进这个改革。而渐进的改革不是一下子转轨，而是搞逐步的并轨，搞一些中间形态适当照顾既得利益，使既得利益不是一下子消除，而是逐步的转轨。后者就是中国典型的转轨方式。

新人新办法，老人老办法，这就是中国经验，就是所谓的渐进式改革。最早是价格双轨制，保留原有的老价格，新开自由市场一轨，新量按市场供求，老的买那个量还是凭本、票。也就是增量改革，存量让它在时间的过程中逐步消亡，暂时保留旧体制，用一代人的过程或者一定时间让它逐步消亡，增量开始形成新体制。

改革最重要是增量，只要开始增量，开始出现新体制，一定会逐步代替旧体制，最重要不是怎么改旧的东西，而是赶紧发展新体制，赶紧发展新的要素。新的体制，新的要素一开始都很小，但是只要它优越，它就会长大起来。改革最重要的不是旧体制的毁灭，旧体制毁灭一个晚上就可以实现，最重要的问题，也是最难的问题是新体制的建立。

对中国来讲，渐进式的办法，增量改革的办法，除了每个体制的改革都是增量，还在区域方面有增量改革的问题，就是我们的特区，这些先行先试的地区，在区域上形成了一种增量，使旧的体制逐步得以突破。

渐进的体制改革，会形成中间过渡形式，它的改革过程会相当长。但如果说时间长短的话，激进改革不一定就短——尽管打破旧体制的速度比较快，但是新体制建立的过程仍然会很长。任何一个新体制的建立都是一个过程，而在这个过程当中，都会有一些中间形式，都会出现一个问题：改革的过程当中是不是会出现新的利益集团，它们会阻碍改革的推进？

最典型是所谓腐败问题，在每一个双轨制当中，都有许多人获利，形成新的既得利益集团，在各种中间形式下，在法制不健全的情形下，旧体制没有打破，就有各种腐败的问题出现。这当中出现新的既得利益集团是否会成为改革的阻力？这是这三十年来大家不断在问、不断在讨论、不断在批判的问题。

首先要认定，每一个制度变迁转轨的阶段、每一种中间形态的制度，都会形成一些新的利益集团。但是一个基本的理论思考是：首先，目标制度优于原有制度；其次，如科尔奈所说，计划经济是一种自我稳定、自我协调的机制，市场经济也是一种自我稳定、自我协调的机制，但从计划经济向市场经济转轨的过程当中，中间的任何一种制度形式都是不协调、不稳定的，你会发现人人对它都不满意。

我曾提出一个概念叫作"改革焦虑症"。海归们、国际顾问们会说，转轨过程中形成的制度有这个缺陷那个缺陷，不符合教科书上的定义。从旧体制里过来的人则认为，新体制又打破了我的利益，我不满意。至于多数人，即使成为当时的既得利益者，也会认为，我的利益现在是过渡性、暂时性的，怎么都得再改改，把利益稳定住，这样最好。

谁对它都不满意，它无法达到一个均衡的稳定状态，因此，它一定会继续再变下去。这样，新形成的既得利益集团一定不会是多数性的利益集团。而且，旧体制的既得利益集团这时候不会跟新的既得利益集团联合起来阻碍改革了，它们反倒会跟那些继续想改革这个制度的利益集团联合起来，反对新体制下形成的利益集团。只要新的利益集团不构成大多数，制度的进一步改革在政治上就一定是必然的。

目标比起点优越，意味着改革不会向原点逆转，它会继续往前变。尽管中间可能出现一些反复，但是人们知道退回去不是办法，因此，大家都对现在的制度不满意，都在批判现在的制度，但批判来批判去，争议来争议去，最后还得是往前走，继续朝河对岸走。

腐败问题、收入差距拉大的问题、低收入群体扩大问题等等，现在很多问题还是发展的问题。由于这些问题的扩大，使新左派的力量相对来说更强一点。自由派、左派，大家都从各个角度在批判这个制度，左派不是某些人的，它反映了一定的社会思潮，反映了当前这种制度过渡期间的状态，这值得尊重。这是一个好的现象，大家都从各个角度进行批判，但是仔细想想，即使最保守的左派、最保守的群体它都不会再提出来退回到起点制度去，因为大家都知道退回去不是办法。

因此，从改革的动态分析，新的既得利益集团即使出现，转轨过程仍然会继续。只要我们假定，第一，目标制度比原制度优越；第二，中间型的、过渡的制度都是不稳定的制度。

经济与政治

从经济发展的角度，往往也是最初的阶段，私人品比较多，越往后发展，公共品越多，政治也越来越重要，这就是我们这三十年经历的过程。

宗教原则、意识形态对前苏联的约束更大一点，必须先把政治、宪法上的那些词改了以后，经济上才能改。我们也改了一些，但是我们可以不全改，可以先目标不是很明确地往前走。

公共品越多，一定有更多利益集团的参与和更多的制衡。公共财政越来越大，政府掌握分配的资源越来越大，反腐败的问题、利益制衡的问题越来越重要。

从经济学角度来看，政治不过是经济活动的一个延伸——除了意识形态、原则、理念、道义这些因素之外，政治就是分配公共品的一个机制。整个经济分成两种物品，一种私人物品，一种公共物品，私人物品由市场来配置、分配、交易，实现资源的配置。公共品因为交易成本、定价成本太高，就用公共的办法，用收税、公共财政、提供公共品的办法来提供，包括制度也是一种软性的公共品。政治的本意就是在这些问题上，公共品的供给过程中调节利益冲突的一种机制。而一涉及到公共品就会有公权谋私利的问题，因此要制衡。

政治最基本的问题是两个，第一是参与，第二是制衡。参与就是各个利益集团要有代表来参与这个公共品的分配。西方那些国会一天到晚讨论的，不是讨论意识形态——要搞社会主义、资本主义、共产主义的问题——而是给黑人多少补贴，给妇女多少补贴，给哪个州多少补贴，穷人征多少税、富人征多少税，是讲公共财政公共分配的问题，各个利益集团都要参与的。

第二是要制衡。各个利益集团之间和各个政党，政治派别之间要相互制衡，在有权力的各个部门之间要相互制衡，防止以权谋私、防止腐败。为了达到参与、制衡，就需要有法制有一套制约人们行为的制度。这就是政治改革的第三个问题。因此，政治的三大问题也都是经济的问题，参与、制衡和制度、规则、法制。

在经济与政治的关系上，首先，二者不可分；其次，经济首先涉及的是私人物品的分配问题，如果私人物品和公共物品的供给相对有一定独立性的话，也许私人物品方面的改革相对容易一点，配置私人物品的市场相对容易建立，不需要社会大的变革，你只要让大家交易，马上市场就形成。公共品的改革相对困难；第三，从经济发展的角度，往往也是最初的阶段，私人品比较多，越往后发展，公共品越多，政治也越来越重要，这就是我们这三十年经历的过程。

30年前的农村改革先给了大家交易权，私人物品就开始发展起来，万元户开始出现，大家可以买到消费品了，农民就有了钱，第一件事就盖了房子。房子是私人品，很长时间，在农村，在小城镇，我们看到，房子盖得很好，装修也很好，出门一走没路，泥泞的小道，就是没有公共品。进入了城镇化，城市化，公共品越来越重要，污染的问题越来越重要，社保的问题越来越重要。人们对私人品的需求基本满足以后，社保、医疗、教育这些公共品（至少是半公共品）越来越重要，政治就越来越重要。因此，从经济的发展过程来看，对于中国这样一个发展中国家来说，恐怕自然也是先在私人品供给上实现改革，然后逐步进入公共品的领域。这几年，政府转型、政治改革也提上议事日程。

通常大家讨论政治改革、经济改革，究竟以哪个为前提？这个没有定论，不同国家情况不一样，转轨经济学一般原理说与私人品有关的制度比较容易改革，可能先改，后面的东西往往涉及面比较广，因此，政府改革后改。但是不能说，经济改革就不需要政治改革的前提。十一届三中全会就是一个重大的政治改革，从文化大革命的政治路线转变到现在的政治路线。从闭关锁国的政治到一个改革开放的政治，这是一个重大的政治变革，不能说中国没有政治变革就搞了经济改革。

中国当时的政治改革确实不如前苏联政治改革的迫切性那么大，他们有宗教传统，宗教原则、意识形态对他们的约束更大一点，必须先把政治、宪法上的那些词改了以后，经济上才能改。我们也改了一些，但是我们可以不全改，可以先目标不是很明确地往前走。

中国与苏联东欧的利益结构很不一样。改革起点上，经过70年的计划经济，当时苏联整个经济已经不增长了，它的利益格局完全发生了变化，既得利益都不增长了，因此想保护旧体制的既得利益集团已经越来越小。前两天我在意大利开会，盖达尔去了（他在叶利钦手下当过一年的总理），他说我们当时为什么搞政治改革、搞民主，不是西方人希望我们搞，是我们自己要搞，80%的票投给叶利钦，当时80%的人希望搞激进的改革，希望彻底摧毁旧的政治制度，希望回到欧洲去，不仅是当时宣传起作用，而是俄罗斯的社会结构有这个基础。

"文化大革命"给中国经济带来很大摧残，但是1976年"文化大革命"结束后，1977、1978年我们经济每年10%的增长，当时不存在一个彻底革命的社会基础，既得利益还可以撑，只不过既得利益集团因为"文化大革命"搞得很乱了，当利益格局比较稳定时，所有人的意愿都是马上发展经济。我们当时不搞彻底的政治改革也能搞经济改革。

改革三十年到今天，大家很自然推出一个结论，下一步政治改革将会是重点，因为你的历史已经发展到这个阶段。公共品的分配，一定有更多利益集团的参与和更多的制衡。公共财政越来越大，政府掌握分配的资源越来越大，反腐败的问题、利益制衡的问题越来越重要，这时候，自然更加提上日程了。

腐败问题是转轨当中的一个典型问题，是过渡时期的问题。我们为什么腐败严重呢？一方面我们发展导致公共品越来越多。另一方面过去很多体制没有改，很多权利还是公共权利，本来应该变成私人品、变成私权，仍然还是公权，结果就是我们的公权特别大，腐败的可能性特别大。

天下一共两种权利和两种利益：公权、私权、公利、私利。以公权谋公利是政府的职责、公务员的职责；以私权谋私利，这是私人和私人企业的本能；以私权谋公利，是雷锋，现在我们捐助四川地震也是这种利他主义；以公权谋私利就是腐败。

首先要问的是：为什么有那么多的公权？当有那么多的公权，那么多人可能腐败的时候，惩治腐败的成本太高，腐败是惩治不住的。经济学讲什么事都没有免费午餐，要监督公权、加强监督机制，结果弄出一个监督委员会加一个监督监督委员会，有人还提议要成立一个监督监督监督委员会的监督委员会。香港一个廉政公署能够解决问题是因为港府的公权很小。

因此首先需要的事情是减少公权。有人批判双轨制改革提供了腐败的机会，公权可以货币化了，以前那点公权只是人家送瓶茅台酒、中华烟，现在可以送十瓶茅台酒，他喝不了可以卖，这还是小的货币化，后面塞钱就可以大到没有实物的边界了。这是典型的过渡问题，不是改革的问题，而是没有改的问题。如果不继续改革，过渡性腐败就会变成制度性腐败了。

信息不完全下的改革

转轨的第二大约束，是信息不完全的约束。信息的不完全有三种：第一，我们大概知道某一个制度怎么运行，但是你不知道它为什么那么运行，后面有哪些细节支撑它。第二，你不知道一个新体制的建立需要多少时间，比如法律，它首先得起草，在纸面上体现出来，然后争论来争论去，几年才能通过，但这还不是真正的制度，它需要订出实施细则、需要案例、需要判例，有人不执行这个法律的时候，有人惩罚它，这个法律才在现实当中起制度作用，才能成为人们心中的一种约束、一种规则。第三，你不知道各个制度要素之间是怎么相互制约、相互协调的。

股票市场刚一开始搞股权分置改革的时候，谁想到后面会出现这些问题？股权分置本身是一种过渡性的制度，要改这个制度又讨论了七年（从开始讨论到改），改了三年。改完之后，今年股评家们终于发现有大小非问题，去年忽悠大家的时候怎么把这词忘记了？大小非不是新政策吧——从股改开始那天就定了的规则。终于股票市场要成为一个全流通的股票市场了，现在这些当年鼓吹要股改的人们开始要求政府停止大小非，要回到过去。

从我们建立股市到成为一个真正完整的、可全流通的股票市场，它需要多长时间？现在大概知道了。但一个证券市场只是这个制度的一个环节，一个要素。这还多少知道一点，有些情况你还不知道，至少不是确切地知道。

我在1991年一篇文章用了"摩擦成本"这个词，获得改革的效率、收益和付出的摩擦成本之间有一种决策的选择。1990年科尔奈曾提出一个概念叫作"不协调成本"，他说改革当中的过渡性状态自我是不协调的，会产生大量的摩擦、混乱，导致经济下滑等等，它为了解释当时东欧苏联的现象，那种激烈的变革导致社会的混乱，效率损失，生产下降。经济改革一定会发生这种义工摩擦成本。

在信息不完全的问题上面，渐进和激进的差别在于你要冒多大的风险：你是否为了获得快速制度的收益而承担很大的不协调成本？这种成本代价会对你这个社会造成多大的损害？苏联东欧之所以选择了这种路线，一定意义上，一方面是因为前面提及的既得利益变小，另一方面，它作为一个工业化程度比较高的国家，可以支付较高的社会成本——他们的一些基本的社会道德、文化、知识、教育体系已经成形了，付得起比较大的摩擦成本，不会影响社会最基本的稳定。比较落后的国家就很难讲，至少我们看到许多落后国家改革起来稍一混乱就乱掉了，社会基本的公共品都供应不上了，成了"失败国家"。

摩擦成本的具体表现，一种是出现所谓的制度瓶颈，制度之间改革的进程不协调，有的改革已经发生了，有些改革还没有发生，成为整个制度的瓶颈，产生效率损失，社会混乱不说了。第二种，所谓超前，其他制度都没有改好的时候，某个领域里面过快地发生了改革。这两种情况在现实当中都有一定的对应物，中国的问题可能是瓶颈的问题大一点，十年前最大的瓶颈是金融改革滞后于企业和其他市场的改革。现在金融改革往前走了走，但是要素市场的改革、政治、政府的改革又是新的瓶颈，资本市场、资本账户开放的程度可能又是一个新的瓶颈。

我们有没有出现超前改革呢？有些局部也有，不是很明显。有些国家相对比较明显，亚洲金融危机时候一些东南亚国家表现出来的问题，就是法制、政府没有改好，监管体制没有改好的情况下面，过早开放了金融市场、开放了资本账户。那之后，国际上讨论了一个词叫循序渐进，就是不同制度改革之间有一种顺序，按照不同的体制要素来看。渐进改革是在各个领域的改革之间都是逐步的改革，但是相互之间有一种协调来避免摩擦成本。

"过渡性杂种"

如乡镇企业、股权分置的股票市场，都是转轨的一种中间状态，怎么看待这种状态？它是在各种约束条件下过渡的形式，它一定存在缺陷，还要不断进行改革，但它也是在其他条件约束下面的一种制法这就是政治改革的第三个问题转轨的最优方式，所以称为"过渡性杂种"。玩不同于所谓的"混合体"，因为转轨的实践问题主要为：如何增大改革动力，解决利益摩擦问题；如何增加信息，减少摩擦的成本。在既得利益的制约和信息知识不足的制约下，转轨就出现一系列的中间状态，我称为"过渡性杂种"，英文叫"混合体"。

它不是按照这个比例和那个比例构成的混合体，这个杂种不是混合动力车，它是一种变种，一种变异，就是形成一种特殊的机制，过渡性变异的一种机制。典型的情况有几种，乡镇企业、股权分置的股票市场，这两个目前基本改完了，从整个经济看现在我们社会是一个"杂种"，是处在过渡期间的东西。

怎么看待这些"过渡性杂种"？乡镇企业出现的时候，多数经济学家，最初对它都看不上眼，认为它不是一个好的制度形式，因为跟教科书对照它既不是公有企业，也不是私营企业，有这个问题那个问题。但是它在当时一系列其他制度环境的制约下形成，由于存在各种问题，它持续不断地变异：开始是集体的，后来变成股份合作的，戴了红帽子后又摘了红帽子，经过两个阶段的股份合作制改造，完成了从公有企业向市场经济企业过渡的过程。

当时，国际上出现两大流派，一种批判它，还有一派认为它是新的希望，是第三条道路——终于有一条既不是公有，也不是私有的路了。最后谁都没有胜利，说它不好的人对了，但也错了。在当时条件下它是一种最优的改革机制，然后问题逐步暴露出来，然后逐步过渡。它是不是好呢？它是好的。它是不是十全十美呢？不是。是不是第三条道路？不是，它只是一种过渡形式，不是一种稳定的形式。

股票市场也是如此。最初如果不搞股权分置，中国的股市什么时候出来？股权改革、企业股份制改革什么时候进行？就说不清了。当时的制度条件和意识形态下，股权分置是股票市场建立的最优形式。过了多年以后，发现它是问题，我们再改这个问题就完成了这个过渡。

从历史上来看，其他领域也一样，我们的许多制度现在都处于一种中间状态，怎么看待这种状态？它是在各种约束条件下过渡的形式，它一定存在缺陷，还要不断进行改革，但它也是在其他条件约束下面一种改革转轨的最优方式，所以我称为"过渡性的杂种"。我们需要不断地进行改革推进演变，而不是简单批判它存在的缺点。

处在中间状态时，人人都不满意，就是"改革焦虑症"。这是好事，"改革焦虑症"是改革的动力，大家总觉得有问题，改革就会继续向前推进。这时候会出现很多问题，社会比较紧张。改革焦虑症导致对改革本身提出许多批判，这就是最近七八年来的现象。人们不仅批判那个制度本身，也开始批判改革，认为改革出了问题。改革在中间状态，没有完成，一定是有问题的，现在变成了对改革的批判，确实有些思想的混乱。

我不否定改革中的问题，但是要把各种问题说说清楚，是因为改革还在过程中，而不是改革本身的问题。我个人不认为改革可以很快就建立十全十美的制度。

现在三十年了，再往前看，究竟还需要多少时间，才能抵达河的对岸？这取决于各种因素，现在很难给出一个定量分析。回顾一下西方的市场经济制度和它的各种法制和政治制度，从开始发展到相对比较健全是经过了一个漫长的过程，经过了整个 19 世纪的阵痛。经过美国 20 世纪初的进步运动、1930 年代的大萧条以后，宏观经济制度、社会保障制度才最终建立起来，这时的市场经济制度至少经过 100 年的时间逐步形成。

我们有一个制度榜样和制度目标在那儿，当然不需要一百年时间，但至少四五十年时间是需要的。三十年改革中，前面几年有很多时间还在旧体制当中挣扎，真正新体制的形成大概二十年左右的时间，有四五十年是需要的。当然，制度完善不是一个简单的过程，这取决于各种因素。

（此文根据作者 2008 年 6 月 12 日在上海交通大学的演讲录音整理而成，经作者审阅，获作者授权发表。）

中国需要什么样的经济改革

李稻葵

李稻葵

　　清华大学经济管理学院 Freeman 经济学讲席教授,博士生导师,长江学者特聘教授。原央行货币政策委员会委员,十一届全国政协委员,清华大学金融系主任,中国与世界经济研究中心(CCWE)主任。

不断恶化的国际环境，日益凸显的社会矛盾以及步履艰难的经济结构调整，这一切都在呼唤着新的经济体制改革。的确，中国经济林林总总的问题必须通过深层次的新一轮经济体制改革加以解决，为此，思想界需要有新的思维突破。简单重复过去十几年以来反复提出的各种口号，失去的是学者应有的高度，得到的是社会各界种种方式的抗拒和抵制。

现有改革讨论的三点不足

现有关于改革的讨论尽管数量庞大，论述极多，但是大都有比较明显的缺陷。

第一，很多讨论停留在发展与改革愿景的层面，而这些愿景又往往局限于简单的口号式说法。比如，要建设中国特色社会主义市场经济；要建设好的市场经济、避免坏的市场经济；要建设以法制为基础的市场经济；要建设产权清晰的市场经济；

要建立持续发展、公平与效率兼顾的市场经济。这一系列提法毫无疑问都是对的，更是十分美好的，但是，关于改革的讨论仅仅停留在这一层面，无法对当前许多领域停滞不前的改革提出理论上的指导。

第二，很多具体改革措施的讨论缺少方向性。比如说，关于个税改革，众多的讨论局限于起征点多少为宜，而忽略了许多更大的问题，譬如，征收个税的目的何在？中国经济体系中的二次分配主要是依赖个税体制来完成，还是依赖于其他领域的制度安排来实现？甚至于我们还可以问，到底中国经济需要进行多大程度的二次分配？关于财产税的讨论，往往局限于对增量部分收税还是存量部分收税，是对第一套房收税还是对第二套房收税。这些讨论显然是十分技术性的，它忽略了一些更为基本的问题，比如，房产税的目的何在？房地产业长期合理的制度是怎样的？更大的问题是，中国公共财政的收入基础是什么，是来自于国家长期持有的生产资料，还是对生产、流通环节或者是财富存量收税？中国的政府开支到底应该有多大？关于民营企业，大部分讨论集中于如何促进其发展，而更重要的是未来中国经济领域以什么样的所有制形式为最佳，是应该采取德国式家族与政府共同控制的企业模式、日本式的社会化持股方式，还是美国式大股东与金融市场共同协作掌控生产资料的模式？

第三，对于当代不同市场经济体制的比较研究借鉴得不够。很大程度上，我们的目光下意识地过多聚焦于美国式的市场经济制度。美国作为世界第一大经济强国，毫无疑问，有经济制度上的诱人之处，但是不可否认，美国也有非常明显的独特性，美国人素有"美国例外论"。更不用说，世界上还有其他相当不同而且非常发达成熟的现代市场经济体制，比如德国式的、日本式的、新加坡式的，这些都是我们进行下一轮市场经济改革的重要参照物，必须全面研究借鉴。

有限权威时代，改革的方式要改革

上述改革讨论中的三个问题，也许并不是最重要的。最重要的是，改革的讨论方式需要改革，因为我们已经进入了有限权威时代。有限权威时代，政府及其决策者正式的权力并不一定减少，但是决断力和执行力却明显受限，主要的原因是民众通过互联网以及其他媒体表达意见，形成了日益强大的舆论压力；另一个原因是现有体制内部利益的多元化，导致政府决策过程受到各方利益群体的游说，执行的过程受到各种掣肘。在有限权威时代，学者自己的权威也有限。如果说在某一问题、某一话题上，学者们似乎仍然具有较大的影响力，那往往是因为他们的观点附庸流行的思潮和社会舆论，与其形成了共鸣，而非反向的机制。

当前大多数改革讨论的基本出发点和落脚点，都是"应该如何改革"，其潜在的假设是，改革的讨论者本身就是改革的设计者和执行者，因此，在多数情况下，讨论者都是根据自己对于未来中国社会和经济的目标体制的理解提出改革建议的，而这种对未来中国市场经济目标体制的理解往往是基于个人偏好的。偏爱尊重个人自由、个人意志的分析者更愿意强调改革目标应该是市场主导的经济体制；相反，偏爱社会的公平和秩序而非个人自由和意志的论述者则强调，中国未来经济体制应该是政府干预下的市场体制。问题在于，在不少的讨论中，参与者的个人偏好是隐藏的，辩论的焦点集中在结论上。假设不同，结论是无法辩论的。

为什么说这些传统的、把个人对未来市场经济改革目标的理解设定为中国未来改革方向的做法必须要突破？原因非常简单：中国基本的社会政治格局已经从拥有一个相当权威甚至是绝对权威的改革设计者转向了改革者本身权威有限的局面。当今的中国社会，已经出现了包括政府在内的任何一方都不具有权威性的现实情况。今天的学者、政府部门、政府高层的决策者，都不具备以往改革中的那种权威性。

另一方面，中国社会所关注的利益已经相当多元化了。对比30年前，那时中国社会的阶层相对比较简单，有工人、农民、国家干部还有知识分子，而今天，这种简单的划分早已经不适用了。制造舆论、影响决策的，还有企业主、股民、有房阶层、无房群体、新进城的外来工，甚至还有部分境外人士。在这样多元化的社会里，不具有绝对权威的决策者要进行改革，就必须凝聚社会共识，获得社会上大部分人的理解和支持，而不是强行推出任何的改革。

而如何凝聚社会的共识、如何推进有意义的社会主义市场经济改革，这一问题已转换为如何识别社会上多数人的偏好，也就是说，如何识别推进社会改革的约束条件。换言之，今天讨论改革的方式，应该从"我认为改革应该怎么进行"转变为"今天的社会主体需要什么样的改革，社会的基本偏好和约束条件是什么，根据这些基本偏好和约束条件，如果我们进行了ABC式的改革，未来的后果将是XYZ，而这种未来出现的XYZ的结果是否能够符合社会的基本偏好"。换言之，学者的角色在转变，从给社会开处方治病转换为给社会列菜单，帮助点菜，即通过理性的分析，告诉社会公众和决策者，改革有什么选项，每一个选项未来的后果是什么，而这些后果与今天相比，根据民众的口味，是更好还是更坏。

笔者认为，这才应该是学术界对中国未来改革方向进行讨论的基本范式。

经济制度的社会禀赋：决定经济体制改革的基本变量

根据以上思路，我们讨论改革必须从社会的基本偏好和基本约束入手，不妨称其为中国改革的社会禀赋，就像自然条件的禀赋一样。这禀赋包括什么呢？概括地说包括三大变量。

第一大变量是民众的市场经济理性度。也就是指民众对市场经济的理解以及在市场经济中运行的能力。举例说来，民众在一个波动的资本市场中的运作能力，不同地区是完全不同的：香港民众明显比内地民众更理性，他们更懂得如何应对一个波动的股票以及房地产市场。即便是在中国内地，不同地区人群的市场理性度也是不一样的，江苏、浙江、福建等沿海地区百姓的市场理性程度明显比内陆地区要强。当然，这一点是不断演进的，因为知识在传播，民众在学习。

第二个变量是民众在社会秩序与个人自由之间取舍的偏好。关于这一点，哈佛大学经济学家安德烈·烈施莱弗在他的著名文章《新比较经济学》中特别强调，不同的社会在社会秩序和个人自由度上的选择是不同的。人们一般认为，美国社会更强调个人自由，欧洲大陆国家如德国也许对社会秩序更加强调。而中国社会是怎样的呢？我们有理由相信，相对于美国，相对于西方国家，中国的民众更加注重秩序。当然，这里的社会秩序应该是广义上的理解，它不仅包括低的犯罪率，也包括收入差距和福利水平的差距，还包括各种各样经济波动带来的福利损失。在这个问题上，我们也可以认为，不同地区的中国民众偏好是不一样的。

影响社会经济体制的第三个禀赋性的变量，就是政府的能力，也就是说，政府能否有效地执行一套经济制度和经济政策。这显然是一个非常重要的变量。有的国家或地区的政府能力极强，比如新加坡政府，能够做到低腐败，比较高效地贯彻执行一套经济体制；相反，一些发展中国家的政府容易出现腐败和能力低下、执行力不强等情形。对于当今的中国而言，这也不能说是一个一成不变的变量。随着政治体制改革的推进，随着政府对民众负责任程度的提高，这一变量也会改变。同时，不同地区的政府能力也是不同的。

现代市场经济制度的三大维度

现代市场经济纷繁复杂，如何高度地总结现代市场经济制度的不同之处呢？综合已有的文献，我认为可以总结出三个基本的维度。

第一个维度是有关生产和交换的基本制度安排。

生产组织的制度安排也许是相比之下更为重要的。在此有千差万别的不同的制度安排，包括日本式的所有权高度社会化控制的模式，美国式的大股东通过资本市场操控的模式，欧洲大陆式的家族控制加政府干预的混合式模式。特别值得注意的是，生产组织的制度安排（往往被狭义理解为产权安排）往往是内生性的，是其他相关的制度安排所推衍出来的。以日本为例，由于遗产税极高，家族很难持有企业；以德国为例，由于资本运作往往受限，家族比较容易长期稳定地控制企业。

有关交易的制度安排，不同经济体也存在巨大的差别。极端的情况是计划经济体制，包括凭票供应、按人头分配。另一个极端是完全由价格决定的自由交易市场的制度安排。在这两个极端之间会有连续的、无穷的选择。限购或者限价就是比较接近计划经济的制度安排。另一个案例是，一般情况下，汽车市场被认为是完全的自由市场的交易，但事实上并非如此。试想，一个消费者想从国外直接进口一辆稍微特殊一点的车型（比如手动档的豪华奔驰轿车），这种交易往往不见得能如愿，因为政府在汽车产品的环保、安全等方面是有标准的，进口一个车型需要经过比较复杂的审批程序。

第二个基本维度是维系市场经济平稳运作的制度安排。

必须承认，现代经济具有内生的基本的波动性，这种波动往往是巨大的。金融危机就是明证。为了应对内生的波动，在这方面，现代经济必须有一系列基本的制度安排。

首先是公共品的厘清与提供。必须认定什么样的产品和服务是公共品，这些产品和服务因此要由国家来提供。在这方面，不同的经济体有不同的理解。比如，至今为止，英国与日本显然认为一些基本的新闻和媒体服务是公共品，因此，英国广播公司（BBC）与日本的NHK都是国家出资，政府监管；美国则没有这一传统。再比如，基本住房服务在新加坡被理解为具有公共产品性质，因此由政府直接提供，在美国则更多地被理解为私人产品。

是否应该进行收入再分配？是否应该通过收入再分配减少收入差距，从而为社会提供一个基本的和谐度？不同社会对于这一问题的理解可以完全不同，因此，相关的制度安排千差万别。福利制度同样是维持经济平稳运行的基本制度安排，这是上世纪初英国首先提出、在德国得到了大力推进的。一个基本的福利制度的建立，对于维系经济稳定是至关重要的。

公共财政也是维系经济平稳运行的基本性制度。这里又有许多具体的制度安排，比如，公共财政的收入基础是来自于国有企业还是来自于税收，国家要不要控制一部分赢利性资产，要不要控制一些非生产性的金融资产？

此外，宏观经济的管理体制，比如央行、证监会、银监会等方面的管理，对于现代市场经济来讲也是至关重要的，在这一点上，即便最保守的自由意志者也承认。米尔顿·弗里德曼反复强调，在金融危机爆发之时，央行有天然的职责，必须大量印钞；而且，央行需要与财政部协调，而非孑然独立。再有，维系经济运行的制度安排是市场监管，其中涉及的问题包括对相关的金融机构是否要在很大程度上进行监管，对它们的资本量、风险程度是否要不断监控，甚至是征收惩罚性的税收等。

第三个基本维度是利益冲突的解决和权利分配的机制。

经济中的各个利益体之间不可避免地会产生利益冲突，这些冲突不可能完全通过市场的价格机制以及友好协商的途径来解决。即便科斯也认为，要维系市场运行，必须要有一个有约束力的法庭做背景。权利分配与此密切相关，谁拥有什么样的权利决定着交易双方如何进行协商，这也是科斯反复强调的。事实上，科斯定理的要点就是强调权利分配的重要性，也就是说，只有在把权利划分清楚的情况下，同时存在公正的第三方合同执行者，市场双方才有可能进行有效的协商谈判，从而达到帕累托最优的结果。

在这方面，需要特别强调法制的作用。法制在中国有一种被神化的趋势，认为法制是万能的。这值得仔细研究。法制本身不可能在真空中运行。在现实中，两类群体是法制的占优者。一是市场上的强势群体或者说有财富的阶层，他们往往在法律上是占优的，因为他们可以雇佣最优秀的律师以及利用相关资源打赢官司。二是政府，他们往往是法律体制上的强者，普通民众很难告赢政府。所以，法制的正常运行必须要有一套相关的体系来维系，尤其是需要通过一定的监管来维系，比如通过政府的监管来约束社会上高财富阶层影响法制的强大能力；同时，也有必要通过公众媒体等公开的方式，以及政府分权的方式，来约束政府在法制体系里天然的优势。

法制的另一个重大问题是谁来立法。在这个问题上，不同国家有不同的处理方式。英美体制下，立法权很大程度上是下放给法院和法官的；而在欧洲大陆，立法的权力是由政府部门代表国家来实现的；中国目前的立法也基本上是由政府部门来主导的。这种政府主导的立法的缺陷，我们已经看到过不少。

中国社会需要什么样的经济改革

要讨论这一问题，我们必须先厘清中国经济制度的社会禀赋。在对市场经济的理性度方面，中国的社会禀赋仍然处于演进的过程中，普遍说来，中国民众不如有长期市场经济经历的发达国家的民众理性度高。而在对秩序以及个人自由的偏好上，中国民众由于几千年的封建传统以及儒家文化的熏陶，应该说比美国等国民众更加偏向于社会秩序。同时，中国政府的执行能力在不同地区、不同领域也是参差不齐的，比如说，在高考方面执行力度比较强，腐败比较少，其他方面远非如此。

给定这些社会禀赋，中国需要什么样的经济体制改革？首先，需要开阔视野，把目光从美国式现代市场制度，扩大到欧洲大陆（尤其是德国、荷兰）及亚洲（日本、韩国、新加坡等）等地发达国家的经济体制。在一些重点领域，包括大企业所有权和控制权安排、住房、商业银行、基本福利制度、教育培训等方面，需要比较系统的分析研究和借鉴。与美国相比，这些国家的经济制度禀赋在不少方面和中国更接近一点，因此需要仔细研究。

其次，一个应该没有太大争议的结论是，中国的改革首先应当大幅度地放权，应该由各个地方根据自己的情况、因地制宜地推行自身的改革。由于不同地区的经济制度的社会禀赋差距很大，因此，不同地区的政府应当积极探索适合自身的改革方向。比如，土地所有权问题，江浙一带的农村居民的市场理性度比中西部高，不妨先行一步。

一个简单的推论是，依赖立法搞改革不一定是最符合实际的。中国作为一个大国，各地的社会经济禀赋差距巨大，全国一刀切，立法搞改革，即便是所立之法律可以执行，其效果不一定是好的。

再次，中国的经济体制改革应该有足够的应变能力。改革不可能是一蹴而就的，而且，中国百姓的社会禀赋是在不断演进的，市场理性程度是在不断提高的，对社会秩序与个人自由的偏好也是不断改变的，政府的执行力也是会不断改变的——改革本身事实上就在不断推动政府的执行力提升，因此，中国在改革中需要更加强调制度的灵活性而非僵化性。

因此，一个基本的结论是，今天的改革需要开阔思路，下放权力，由地方根据自己的情况探索自己改革的方向，从而以一个分权的、不断演进的改革方式，取代一个自上而下、一刀切的改革方式。这样也有利于企业在不同的地方之间有可选择的余地，而企业的选择有助于地方提升改革的积极性与效率。

增量民主与政治改革

俞可平

俞可平

　　北京大学政治学博士,德国杜伊斯堡大学名誉博士,哲学和政治学双学科博士生导师。现任中共中央编译局副局长,中央编译局全球治理与发展战略研究中心主任,北京大学中国政府创新研究中心主任,清华大学凯风政治发展研究所所长,中央马克思主义理论研究与建设工程"经典作家基本观点研究"课题首席专家,"中国地方政府改革创新研究与奖励计划"总负责人。

没有民主,就没有人民的自由幸福,没有国家的长治久安,没有中华民族的伟大振兴。不断地走向民主,是不可逆转的中国政治发展道路。中国特色政治发展的理想路径,就是通过增量改革来逐渐推进中国的民主治理,扩大公民的政治权益。因此,我把它称为"增量民主"(Incremental Democracy)。

一、增量民主的意义

所谓"增量",是相对于"存量"来说的;而民主中的"存量"是指已经取得的政治民主的成就和经验。建国以来,尤其是改革开放三十多年来,中国民主发展已积累了可观的存量,其主要内容可归纳为以下三个方面。首先是基本民主制度的确立,包括人民代表大会制度、政治协商制度、党内民主制度、基层民主制度、区域和居民自治制度;第二是民主政治的进展,特别是在公民社会、基层选举、居民自治、依法治国、权力监督、政府决策、政务公开、公共服务等方面所取得的成就；第三是以自由、平等、公正、人权、法治等为核心理念的新型政治文化的形成。

这些文化、制度和实践都属于"存量"的范畴，它们为民主政治的进一步发展奠定了必要的基础。与此对照，所谓"增量"就是新增的政治权益，而所谓"增量民主"就是在不损害人民群众原有政治利益的前提下，最大限度地增加新的政治权益。根据增量民主的思路，所有政治改革都必须在不损害公民已有合法权益的前提下，尽可能地增加原来所没有的政治利益。通过逐渐放大新增的利益，使得人民群众实实在在地感受到政治改革的好处。简而言之，增量民主期望通过持续不断的政治改革，达到政治生活中的"帕累托最优"，即最大限度地增大人民群众的政治权益。

在阐述"增量民主"概念时，不少人可能会想起另外一个相近的概念，即"渐进民主"，并且容易将这两者相混淆。一些学者已经不加区分地将两者视作同一范畴。其实，这两个概念之间存在重大区别。尽管"增量民主"与"渐进民主"在概念和形式上有所相似，但实质上代表着两种不同的政治民主化路径。

"渐进民主"主要是一个时间性和过程性的概念，而"增量民主"则主要是一个空间性的和后果性的概念。具体而言，"渐进民主"是指在时间上逐渐推进，在层次上逐渐递延，在实现方式上反对任何激进式的改革。"增量民主"着眼于民主的后果，它强调社会政治利益总量的增加。"增量民主"指的是，在不损害公民原有政治利益（存量）的前提下，通过推动改革，创造新的政治增量来全面推进民主进程，从整体上增加人民群众的政治权益。虽然在时间上和方式上,"增量民主"也反对休克式的改革,但"增量民主"观点的实质在于改革中确保实现"帕累托最优"的连续过程。相对于民主的过程而言,"增量民主"更加强调民主的效益。

从程序上来说,"渐进民主"强调过程的渐进性,但在推动民主进程的方式、方向、层次等方面缺乏明确的程序性策略。因此,从哪里入手,向哪里推进,在"渐进民主"中并无内在的规定性。"增量民主"则明确地提出了推进中国民主进程的重点步骤,以及推进中国民主治理的合理路径。它主张优先发展党内民主和基层民主,以此带动社会民主和高层民主。党内民主意味着民主从权力核心向外延的扩展;基层民主意味着民主从下层向高层的演进。根据"增量民主"的逻辑,中国既要适时进行突破性的政治改革,又要维护社会政治的稳定有序,从而增大公民的权益。

从方式上来说,"增量民主"强调"点"和"面"的同时突破,强调"以点带面"的制度创新,试图通过政府创新所新增的政治利益,来确保改革过程中的"帕累托最优"。而渐进改革则主要关注"点"的改革,很少涉及"面"的突破。因此,"增量民主"除了强调"以点带面"的试点改革外,还特别强调地方的政治改革,竭力倡导扩大地方改革的空间,增大地方的改革自主性,呼吁中央政府要善于将地方的先进改革实践上升为国家的正式制度,从而及时地在更大的范围内加以推广。

二、增量民主的目标

民主的根本意义,就是人民当家作主,或人民的统治。根据增量民主的观点，治理和善治的理念对于 21 世纪的民主政治具有特别重要的意义。人类的政治理想正在逐渐从传统的"善政"转为现在的"善治"。善治将是人类在 21 世纪最重要的政治合法性来源。从长远看，"增量民主"的最终目的就是为了实现"善治"的理想。从政治学意义上说，治理指的是公共权威为实现公共利益而进行的管理活动和管理过程。治理与统治（government）既有相通之处，也有实质性的区别。两者的实质性区别之一在于，统治的主体只能是政府权力机关，而治理的主体可以是政府组织，也可以是非政府的其他组织，或政府与民间的联合组织。统治的着眼点是政府自身，而治理的着眼点则是整个社会。正像政府的统治有"善政"（good government）与"恶政"（bad government）之分一样，治理亦有"善治"（good governance）与"恶治"（bad governance）之分。善治是公共利益最大化的管理过程，是政治生活中的理想状态。善治的本质特征，就在于它是政府与公民对公共生活的合作管理，是政治国家与公民社会的一种新颖关系，是两者的最佳状态。它有以下 10 个要素：

1）合法性（legitimacy）。它指的是社会秩序和权威被自觉认可和服从的性质和状态。它与法律规范没有直接的关系，从法律的角度看是合法的东西，并不必然具有合法性。只有那些被一定范围内的人们内心所体认的权威和秩序，才具有政治学中所说的合法性。合法性越大，善治的程度便越高。取得和增大合法性的主要途径是尽可能增加公民的权益，从而获得其政治认同。所以，善治要求有关的管理机构和管理者最大限度地协调公民之间以及公民与政府之间的各种利益矛盾，以便使公共管理活动实现最大限度的公共利益。

2）透明性（transparency）。它指的是政治信息的公开性。每一个公民都有权获得与自己的利益相关的政府政策的信息，包括立法活动、政策制定、法律条款、政策实施、行政预算、公共开支以及其他有关的政治信息。透明性要求上述这些政治信息能够及时通过各种传媒为公民所知，以便公民能够有效地参与公共决策过程，并且对公共管理过程实施有效的监督。透明程度愈高，善治的程度也愈高。

3）责任性（accountability）。它指的是人们应当对自己的行为负责。在公共管理中，它特别地指与某一特定职位或机构相连的职责及相应的义务。责任性意味着管理人员及管理机构由于其承担的职务而必须履行一定的职能和义务。没有履行或不适当地履行应当履行的职能和义务，就是失职，或者说缺乏责任性。公职人员和管理机构的责任性越大，表明善治的程度越高。在这方面，善治要求运用法律和道义的双重手段，增大个人及机构的责任性。

4）法治（rule of law）。法治的基本意义是，法律是公共管理的最高准则，任何政府官员和公民都必须依法行事，在法律面前人人平等。法治的直接目标是规范公民的行为，管理社会事务，维持正常的社会生活秩序；但其最终目标在于保护公民的自由、平等及其他基本政治权利。从这个意义说，法治与人治相对立，它既规范公民的行为，但更制约政府的行为。法治是善治的基本要求，没有健全的法制，没有对法律的充分尊重，没有建立在法律之上的社会秩序，就没有善治。

5）回应（responsiveness）。这一点与上述责任性密切相关，从某种意义上说是责任性的延伸。它的基本意义是，公共管理人员和管理机构必须对公民的要求做出及时的和负责的反应，不得无故拖延或没有下文。在必要时还应当定期地、主动地向公民征询意见、解释政策和回答问题。回应性越大，善治的程度也就越高。

6）有效（effectiveness）。这主要指管理的效率。它有两方面的基本意义，一是管理机构设置合理，管理程序科学，管理活动灵活；二是最大限度地降低管理成本。善治概念与无效的或低效的管理活动格格不入。善治程度越高，管理的有效性也就越高。

7）参与（participation）。这里的参与首先是指公民的政治参与，参与社会政治生活。但不仅仅是政治参与，还包括公民对其他社会生活的参与。后者可能会越来越重要。善治有赖于公民自愿的合作和对权威的自觉认同，没有公民的积极参与和合作，至多只有善政，而不会有善治。

8）稳定（stability）。稳定意味着"国内的和平、生活的有序、居民的安全、公民的团结、公共政策的连贯等"。社会的稳定对于公民的基本人权、民主政治和经济发展都具有至关重要的意义。没有一个稳定的社会政治环境，很难有经济的高速发展和民主政治的有效推进。对于发展中国家来说，社会稳定更具有特别重要的意义。因为发展中国家相对于发达国家来说，经济比较落后，制度化程度低，社会的不稳定因素尤其突出。所以，社会政治的稳定程度，也是衡量善治的重要指标。

9）廉洁（clear and honest）。主要是指政府官员奉公守法，清明廉洁，不以权谋私，公职人员不以自己的职权寻租。严重的腐败不仅会增加交易成本，增大公共支出，打击投资者的信心；而且会破坏法治，腐蚀社会风气，损害社会的公正，削弱公共权威的合法性。所以，公共权威的廉洁直接关系到治理的状况。

10）公正（fairness and justice）。作为一种基本政治价值，社会公正就是社会的政治利益、经济利益和其他利益在全体社会成员之间合理而平等的分配，它意味着权利的平等、分配的合理、机会的均等和司法的公正。具体地说，公正指不同性别、阶层、种族、文化、程度、宗教和政治信仰的公民在政治权利和经济权利上的平等。在当代，作为善治要素的公正特别要求有效消除和降低富人与穷人、富国与穷国之间的两极分化，维护妇女儿童、少数族群、穷人等弱势人群的基本权利。

三、增量民主的途径

从某种意义上说，增量民主并不是一种政治制度的框架，而是通往民主政治的一种发展模式，其强调的重点不在制度和结构，而在于过程和路径。增量民主特别强调以下几点。

第一，以最小的政治成本取得最大的政治效益。正在或者将要进行的政治改革和民主建设，必须有足够的"存量"。即必须具备充分的经济和政治基础，必须与既定的政治经济体制和社会经济发展水平相一致，尤其是，必须拥有现实的政治力量，必须符合现存的政治法律框架，具有法学意义上的合法性（legality），不能违背现有的宪法及其他基本法律。

第二，政治发展要突破而不要突变。政治改革和民主建设，必须在原有的基础上有新的突破，形成一种新的增长，是对"存量"的增加。这种新的"增量"，不是对"存量"的简单数量增长，而是性质上的突破。不仅具有法学意义的合法性（legality），也要有政治学意义的合法性（legitimacy），即对于社会进步和公共利益而言具有正当性，并为绝大多数公民自觉认同。当这种政治学意义上的合法性与法学意义上的合法性发生明显冲突时，有关的法律就应当做相应的修正。

第三，这种改革具有"路径依赖"的特征，其发展进程表现为不时地有所突破，但不是政治过程的突变。虽然这种突破可能意味着质变的开始，但质变的过程通常是缓慢的，并且不能离开先前的历史轨道，是历史发展的某种延伸。现实政治改革中的所谓"老人老办法，新人新办法"，即是这种"路径依赖"的生动体现。

第四，根据增量民主或增量政治改革的思路，深化党内民主和基层民主应当成为目前我国政治体制改革的重点突破口。深化党内民主，首先要完善和切实执行党内的各种民主选举制度和民主监督制度，要使党的各级领导真正由党员或党员代表选举产生，并对自己所领导的党员和人民群众负责。深化基层民主，不仅要把重点放在已经推行的村民自治、居民自治或其他社会自治上，而且要不断探索和扩大新的基层民主形式，如乡镇领导和县市领导的选举方式和决策方式的改革等。

增量民主实质上是在中国目前的政治、经济和文化条件下，推进中国民主治理的一种战略选择。推进增量民主有以下几个关节点：

1）程序民主决定实质民主

所谓民主，就是一系列保证公民实现自由、平等和其他权利的制度和程序。实质民主与程序民主相辅相成，不可偏颇。在中国目前的现实政治条件下，程序民主具有特别重要的意义。社会主义民主政治的核心问题是人民的政治参与，人民的参与过程是实现民主的根本途径。参与本身就是一种人民行使民主权利的方式和表现。一部规定"主权在民"的宪法固然是重要的，但仅有规定公民民主权利的法律是远远不够的。对于现实的民主政治而言，宪法和法律的条文固然重要，但同样重要的是对这些条文内容的动态控制以及实现这些条文的实际程序，民主必须像陀螺一样运转起来才有实际意义。

2) 民主政治需要公民社会

随着社会主义市场经济的确立和民主政治的推进，一个相对独立的公民社会在中国开始出现，并且对社会的政治经济生活发挥日益重要的作用。公民社会是民主政治的基础，没有健全的公民社会，就不可能有高度发达的民主政治。从某种意义上说，社会主义民主的发展过程也就是公民社会不断扩大而政治国家不断缩小的过程，是不断还政于民的过程。根据增量民主的观点，党和政府应当积极培育社会主义的公民社会，鼓励社会组织在提供公共服务、扩大公民参与、建设和谐社会和提高执政能力方面的重大作用，积极主动地与合法的社会组织建立合作伙伴方面，努力实现官民共治的理想政治格局。

3) 党内民主带动人民民主

党内民主带动人民民主的过程，是民主从权力核心向外围扩展的过程。中国共产党是唯一的执政党，掌握着国家的核心权力，不仅是实现中国现代化的核心力量，也是推进中国民主化的核心力量。按照增量民主的逻辑，中国的民主政治不仅不能离开中国共产党，而且在很大程度取决于中国共产党自身的民主化，特别是中共从革命党转变成执政党的进程。作为8000多万的大党，中国共产党聚集了中国社会广大的政治、经济和文化精英。没有党内的民主，就意味着没有核心权力层的民主。

从中国的实际情况看，市场经济是党组织和政府引入的，公民社会是党组织和政府引导的，基层民主是党组织和政府倡导的，法治进程也是党组织和政府推动的。同样，中国共产党也是中国的民主进程的主要推动者，以党内民主带动人民民主，是中国民主治理的现实途径。在全球化和现代化的新历史条件下，从某种意义上说，中国共产党的先进性将在相当程度上取决于其推动中国民主化的实际进程。但是，同时必须清醒地看到，"以党内民主带动人民民主"，这一命题本身就意味着，党内民主不是中国民主政治的根本目标，人民民主才是最终目标。

4）依法治党带动依法治国

党内民主带动社会民主，势必要求"以法治党"带动"以法治国"。从根本上说，民主与法治是一个硬币的两面，互为条件，不可分离，它们共同构成现代政治文明的基础。宪法和法律对人民民主权利的保障，是民主政治的基本前提，没有这个前提，就谈不上民主。若没有法治，公民的民主权利就有可能随时被剥夺，公民的政治参与就有可能破坏社会稳定，民主进程就有可能导致秩序的失控。法治的实质意义，是宪法和法律成为公共生活的最高权威。任何个人或任何组织都必须在宪法和法律的范围内活动，必须服从法律的权威，在法律面前人人平等。这样的一种法治，只有在民主政治条件下才能真正实行。没有法治即没有民主，对于我国来说，法治的实现程度，几乎也就是民主的实现程度。在坚决推行依法治国的同时，也要坚决实行依法治党。正像党内民主带动人民民主一样，也要通过依法治党带动依法治国。依法治党的基本意义就是，党领导人民制定法律，党本身必须在国家宪法和法律的框架内活动，党的政策和规定不得与国家的法律相抵触，一切党组织和党员领导干部都必须严格遵守国家的法律和党的规章。

5) 基层民主向高层民主推进

逐渐由基层民主向高层民主推进。中国现阶段民主政治的重点和突破口是基层民主，一些重大的民主改革将通过基层的试验逐步向上推进。改革开放以来，基层民主一直是中国民主政治建设的重中之重。几乎每一次全国人民代表大会和每一次党的代表大会，都没有例外地强调基层民主的重要性。基层民主直接关系到广大人民群众的切身政治权利，是全部民主政治的基础，意义尤其重大。此外，优先发展基层民主，从基层民主逐渐向上推进，也有利于社会政治的稳定和积累民主政治的经验。中国的基层政权包括县市、乡镇和村落社区三个层面。中国基层民主的突破始于村民自治和社区自治，经过近30年的发展，基层民主的重心应当逐渐从村落社区转向乡镇和县市。扩大县乡领导人公推直选的范围、增加公民直接参与的渠道、推进基层社会自治、转变城乡治理结构和治理方式，都应当是基层民主治理改革的重点内容。

6) 动态稳定取代静态稳定

民主化过程最大的威胁是社会的稳定，对于转型时期的中国来说尤其如此。中国的所有改革必须维持社会安定，"稳定压倒一切"有其合理基础。但是，在社会主义市场经济和民主政治条件下，我们所要达到的不再是一种"传统的稳定"，而是"现代的稳定"。传统的稳定是"以堵为主"的静态稳定，其主要特点是把稳定理解为现状的静止不动，并通过压制的手段维持现存的秩序。与此不同，现代的政治稳定则是"以疏为主"的动态稳定，其主要特点是把稳定理解为过程中的平衡，并通过持续不断的调整来维持新的平衡。以公民对某些官员或某个政府行为的不满为例,我们可以有两种处理办法。一种是通过各种手段禁止公民表达其对某些官员或某个政府机关的不满,用强制的方式来维持现存的政治平衡。另一种是让公民通过合适的渠道表达其不满,然后根据公民的不满和政治生活中新出现的问题及时调整官民关系,用新的政治平衡去替代旧的平衡。前一种方式就是我们所说的传统的静态稳定,后一种方式便是现代的动态稳定。动态稳定的实质,是用新的平衡代替旧的平衡,它绝不是像"文革"时期那样的无序状态,而是使秩序由静止的状态变为一种过程的状态,真正达到中共十五大报告中所指出的"在社会政治稳定中推进改革、发展,在改革、发展中实现社会政治稳定"。

总而言之,增量民主是在中国目前特定的条件下,以现实的政治手段达到理想之政治目标的一种政治选择,其重点在于确保民主进程中的帕累托最优,其目标是通过一系列的制度创新来持续地推进中国的民主进程,最终实现善治的政治理想。

代际更替、经济发展和中国的政治改革

(美) 芮效俭 (J. Stapleton Roy)

芮效俭 (J. Stapleton Roy)

美国外交家,1991年至1995年间任美国驻华大使。现任基辛格咨询公司 (Kissinger Associates, Inc.) 的副主席和霍普金斯-南京咨询委员会 (Hopkins - Nanjing Advisory Council) 的副主席。

在过去的三十年中，中国已经经历了极不寻常的经济转型。这一转型已完全重塑了中国沿海地区的面貌，并逐渐扩散到内陆地区，使得上亿人口达到了前所未有的富裕程度。

很多美国和西方媒体都持有一种基本的看法，他们认为中国的政治体制依然保持僵化，与经济改革相比，中国并没有什么显著的政治改革。这种说法，当然是没有意义的。实际上，在许多重要领域，中国已经发生了很多相当大尺度的政治改革，并深刻改变了很多普通中国人的日常生活。

严格来讲，在上世纪70年代，中国的确是一个集权国家：政府控制着人们生活的每一个领域。然而现在，在很多领域，中国人已经有了大量选择的自由，例如如何生活，向哪里迁徙，穿什么衣服，读什么书，在哪里工作，在什么学校上学等等。每年有数十万的中国留学生在国外学习，上百万的中国公民在世界各地进行商务或者观光活动。上千万的中国人可以根据自己的经验和观察来比较中国和其他国家的生活条件。甚至在某种审查制度依然存在的现实下，中国人依然可以获取比以前多的多的信息，社交网络和博客圈也已成为改变政府态度和行为的重要因素。

从国家领导人的年龄和受教育程度来看，中国也已经发生了很大的变革。中国属于那些对于国家最高领导人的年龄有着非常严格限制的现代国家的一员。虽然对于最高领导集体的年龄限制只是从2002年的中国共产党十六大才开始延续下来的。然而，在国家、省和地市级政权中，已经大规模地实现了干部结构的更替和年轻化。只要这样的实践持续下去，这就意味着下一代的领导人会比上一代平均年轻十岁左右。在改革开放初期的1982年，中国共产党政治局中还没有一个受过大学教育的成员。然而，仅仅在25年后的2007年，25名十七大的政治局委员中，23名拥有正式的大学文凭，而另外2名则也拥有同等的大学学力。

第三个改革领域是在中国共产党的意识形态领域。就实质来说，中国共产党已经放弃了传统的共产主义意识形态：以和谐社会代替了阶级斗争。接纳资本家加入共产党并声明代表全体人民的利益，而不仅仅宣传是无产阶级的先锋队。而且，共产党也已经包容了市场经济并建立了选择最高领导集体的制度化的程序。

正如任何在上世纪70年代后到访中国的人所能够看到的那样，无论对政府还是对公民来说，中国都已经出现了产生重大影响的许多变革。当然，那些没有改变的地方也同样是明显的。中国的政治体制依然是由中国共产党一党控制的体制，中国的公民依然缺乏对国家领导人的产生施加直接影响的权利。在20国集团中，只有中国和沙特是依然没有建立起公民直接选举国家领导人制度的国家。政府和政党尽管已经开始在乡村层面推动了选举，然而这些改变还没有被更深入的推动，村级的选举还没有进一步从农村推进到市和省会一级政府。

对于未来而言，进一步的政治发展很可能随着最高领导集体的代际更替而被推动。将在明年（具体指2012年，此文发表时为2011年——译者注）接过权力的第五代领导人集体，是第一批其成年的大部分时间是在改革开放时代度过的领导集体。习近平，当前的国家副主席，在启动改革的十一届三中全会召开时，仅仅只有26岁。李克强，目前负责经济工作的副总理，比习近平还要年轻两岁。在政治局中，如果现在默认的年龄限制制度依然被坚持下来的话，当前现任的九位政治局常委中的七位都将会被更年轻的领导人所取代。而在包括25名委员的政治局中，40%的现任委员也将会被接替。

在2022年——距离现在还有11年，第六代领导集体将接掌权力。由于更年轻，他们对文革的记忆将更加淡漠。这些领导人将依然面对来自中国快速转型而产生的各种矛盾，但是他们在面对挑战时所采取的行动更多的将受他们不同的代际观点，以及对外部世界更多的了解和中国进一步融合到世界经济等因素的影响。

那种认为存在明显不同成长经验的领导人将会亦步亦趋的按照前任制定的模子来管理国家的想法是完全违反经验和现实的。我曾经在艾森豪威尔总统的第一任期内加入过美国政府。在此之后，经历了一些海外的职位后，我在肯尼迪当政期间回到了华盛顿。那时我的感受是在某种程度上像回到了一个完全不同的国家因为在领导层出现了很多的年轻面孔。

在中国未来的二三十年中，经济和社会的改变将会持续的发生，包括中产阶级的出现和成熟。这些将使得中国面对强烈和难以回避的体制性政治改革的压力。中国的领导人们已经证实了其在面对（经济）变化时调节制度以更好的适应这些转变的能力。在过去的三十年中，中国已经经历了每五年一次的很大力度的政府机构的重构。很多部级机构被设立或被撤销。国有企业已经逐渐变成了半私有的公司。可以想象得到，这种同样的适应性会最终体现在政治领域。

在亚洲的其他地方，持续保持与外部世界沟通并参与世界经济体系的威权政府，无一例外的在经济快速发展的三四十年后逐渐产生了代议民主的治理形式，中国仅仅在这条路上刚刚经历了 15 到 20 年。在某种程度上，这些亚洲的模范与中国也具有某种关联性。这就意味着现在就预测中国在很近的未来就发生明显的政治体制变革是不太成熟的。实际上，如果我们期待积极的政治变革会在中国发生，虽然这很有可能，但其原因将主要不是来自于外部的压力，而是在中国内部持续的经济增长和代际领导人更替的结果。无可避免的，世界终将看到这种改变的发生。

（译者：何哲 国家行政学院公共管理教研部）

改革的新形势与顶层设计

迟福林

迟福林

研究员、博士生导师,全国政协第十一届委员会委员。享受国务院特殊津贴专家,海南省首批有突出贡献专家,2002年被中组部、中宣部、国家人事部和国家科学技术部联合授予"全国杰出专业技术人才荣誉称号";中国(海南)改革发展研究院院长,中国经济体制改革研究会副会长,原海南省社会科学界联合会主席,北京大学、南京大学、浙江大学、东北大学、西南财经大学等重点大学的客座教授或特聘教授。

总的判断是:"十二五"经济发展方式转变的成败在改革。十七届五中全会提出,"十二五"要以加快转变经济发展方式为主线,坚持把改革开放作为加快转变经济发展方式的强大动力。如果说过去 30 年的改革主要在于扩大经济总量、实现经济起飞的话,未来 5—10 年的改革主要是转变经济发展方式,改变经济结构。但从实践看,近几年改革尽管在某些方面有所进展,但一些重要领域的改革未能有大的突破,效果不尽如人意。由于相关改革的滞后,发展方式转变在多方面尚未有实质性突破,某些方面的矛盾仍在不断积累和深化。若"十二五"改革攻坚仍停留于形式和口号,经济发展方式转变就无法有大的进展。

当前,改革是不是处在比较困难的时期

从改革实践看,一方面,经济发展方式转变对改革提出了更高的要求,改革的迫切性进一步增强;另一方面,以转变经

济发展方式为主线的改革已进入"深水区",更多地触及上层建筑领域,更多地触及深层次的利益矛盾。改革推进在各种利益纠结下面临多方面的现实困境。

1. 推进改革的现实困境

(1) 某些改革实际上处于可有可无的状态。

——重增长轻改革。在政府主导的经济运行机制下,重增长轻改革、重短期轻长期、重治标轻治本等倾向相当突出,使得某些改革在具体落实中处于可有可无的状态。这次国际金融危机前,良好的出口形势掩盖了国内改革滞后的矛盾,使改革力度有所减弱;国际金融危机后,迫于形势又不得不把主要精力放在"保增长"上。

——一些改革停留在口号上、流于形式。近年改革的口号在不断翻新,但在改革的具体落实上很难有重要举措,一些改革避重就轻、避实就虚。

——一些改革任务低效率重复。一些改革任务年年强调,年年部署,低效率重复,难有大的进展。

(2) 某些既定的改革久拖不决或决而不做。

——一些既定的改革攻坚久攻不下。2003年的十六届三中全会对完善市场经济体制做过全面的部署,包括资源要素价格改革、垄断行业改革等。但这些改革在八年后的今天仍未有大的突破。

——一些改革久拖不决。十六届三中全会、十六届五中全会都强调了收入分配体制改革的重要性,并提出"提低、扩中、调高"的基本思路和基本要求,但至今还没有出台收入分配体制改革方案。

——一些改革决而不做。十六届三中全会提出"放宽市场准入，允许非公有资本进入法律法规未禁入的基础设施、公用事业及其他行业和领域"。但相关的体制障碍并未破除，至今民营经济和中小企业进入基础设施、公用事业等领域仍然面临着"玻璃门"现象。

（3）某些改革在既得利益掣肘下扭曲变形。经过30多年的改革，利益群体在分化，客观上也出现了既得利益群体，由于既得利益群体在经济社会生活中的强势地位和追求自身利益，造成多项改革的扭曲变形。例如：

——国有企业改革。十六届五中全会提出，要"加大国有经济布局和结构调整力度，进一步推动国有资本向关系国家安全和国民经济命脉的重要行业和关键领域集中，增强国有经济控制力，发挥主导作用"，但在现实中，一些国有企业哪里赚钱往哪里去，进入竞争性领域，某些央企进入房地产领域充当"地王"，与中央提出的国有资本战略性调整的方向相悖，也引发了社会广泛的质疑。

（4）改革共识普遍缺失。从近年来的改革实践看，改革共识的普遍缺失成为推进改革的重要难题。无论是何种原因造成的分歧，都会或多或少地增大改革的阻力，并消解改革的动力。

——社会对改革的信心不足。

——社会对改革的评价不高。由于某些改革在实践中的偏差，引发了人们对改革的一些批评意见。这些问题的出现很正常，问题在于，还引发了一些人对市场化改革的质疑。这不能不引起高度的重视。

（5）改革动力严重不足。如果说过去30多年的经济体制改革，主要的阻力是意识形态因素，新阶段的改革则进入利益博弈时代，利益博弈正在成为影响改革的突出因素。例如：

——部门改革的动力不足。改革触及部门利益，部门改革的动力不足，部门利益倾向相当普遍。

——地方政府改革的动力不足。在现有中央财税关系下，地方政府更愿意做大 GDP 和实现地方财政收入快速增加，而对相关改革的积极性并不高。

——借改革之名谋取自身利益。

2. 当前，改革面临困境的原因

（1） GDP 主义低估、取代、阻碍改革。

——国际金融危机前，GDP 快速增长掩盖了体制矛盾。

——国际金融危机后，又出现以经济增长替代改革的倾向。

——当前的 GDP 主义强化了政府主导，造成垄断行业扩张，与加强市场在资源配置中的基础性作用的改革方向相悖。

（2） 利益关系扭曲了改革。

"十二五"改革需要做出怎样的重大选择

"十二五"这五年，无论是发展还是改革都处在历史性转折的关节点：第一，"十二五"从一次转型进入二次转型，能不能改变经济结构，改变发展方式，关键取决于能不能以更大的决心和魄力推动第二次改革。第二，"十二五"，我国正处于由中上收入阶段迈向高收入阶段的历史起点。如果"十二五"改革战略选择得好，转变经济发展方式有重要突破，估计到 2020 年人均 GDP 有可能达到或超过 11900 美元，从而进入高收入国家行列；如果"十二五"改革战略选择得不好，经济发展方式转变没有大的突破，我国也很有可能陷入"中等收入陷阱"。总的考虑:"十二五"改革要把改变经济结构、形成公平与可持续的科学发展的政策体系和制度基础作为基本目标。

1. 消费主导

"十二五"能不能初步实现由投资主导向消费主导的转型,既是转变经济发展方式的成败所在,也是改革攻坚的重点所在;既影响短期宏观经济稳定,又决定着长期的可持续发展。

(1) 投资—消费失衡是经济发展方式的突出矛盾。例如:"十一五"这五年全社会固定资产投资年均增长25.5%,固定资产投资率由2005年的41.6%进一步上升到2010年的48.6%;居民消费率由2005年的38.8%继续下降到2010年的35%左右,投资与消费失衡进一步加剧。

(2) 消费率持续下降的深层次根源是体制因素。主要在于:以做大GDP、国富优先发展为主要特征的政府主导型经济增长方式,使国家生产能力的增长快于居民消费能力的增长,并不断拉大贫富差距。

(3) 把提高消费率作为"十二五"改革发展的主要约束性目标。如果相关政策和改革到位,"十二五"有可能把消费率从48%左右提高到55%左右,把居民消费率从35%左右提高到45%左右,初步形成消费主导的基本格局。

2. 民富优先

发展方式转变首要的在于发展导向的改变:要从追求GDP总量导向转向国民收入导向,从国富优先的发展导向转向民富优先的发展导向。

(1) 我国的发展方式具有国富优先的明显特征。

——GDP增长长期快于居民收入增长。

——国家财政收入增长成倍快于GDP增长。(2010年:财

政 20.88%，GDP10.3%）

——国有资本扩张成倍快于 GDP 增长。（2005—2009 年，国有企业资产总额年均增长 20.5%）

（2）国富优先发展面临着突出矛盾。

——偏好做大 GDP 总量，经济社会发展失衡。

——偏好投资出口，投资—消费结构失衡。

——偏好重化工业，产业结构失衡。

——财富分配偏向企业、政府，国民收入分配格局失衡。

（3）民富优先应当成为发展方式转变的基本目标和主要追求。

3. 政府转型

解决投资—消费失衡，实行民富优先发展关键是推进政府转型。

（1）政府主导型的经济增长方式是弊大于利，还是利大于弊？

（2）是坚持市场主导基础上强化政府作用，还是实行政府主导基础上发挥市场作用？

（3）市场经济体制建立后，政府是以公共服务为中心，还是以经济建设为中心？

（4）公共产品短缺背景下要不要继续把更多国有资源用在做大 GDP 上？

（5）政府自身利益倾向的形成是不是具有普遍性？

面对改革新形势"十二五"改革顶层设计的现实需求何在

面对改革新形势，十七届五中全会明确提出"重视改革顶层设计和总体规划"。我所理解的改革顶层设计，是指最高决策层对改革的战略目标、战略重点、优先顺序、主攻方向、工作机制、推进方式等进行整体设计。"十二五"加强改革顶层设计，需要在改革工作机制、推进方式等多方面做出努力。

1. 改革的客观判断与行动魄力最为重要

在改革面临现实困境，以及经济发展方式转变对改革现实需求全面增强的今天，中央已经提出以更大的决心和勇气推进改革。我认为当前需要客观地判断改革，在加强中长期重大改革的战略部署上增强行动上的魄力。

（1）尽快出台新时期改革总体规划。如果说过去30年的改革是改变生产关系，做大经济总量的话，新时期的改革是改变经济结构，建设消费大国。新时期应当按照改变经济结构，建设消费大国的要求制定改革总体规划，具体设计经济体制、社会体制、文化体制、政治体制改革的具体目标和实现路径，使改革既能够反映经济体制、社会体制、文化体制、政治体制各自领域改革的规律性，又能够在转变经济发展方式中充分发挥作用。

建议在《中共中央关于制定国民经济和社会发展第十二个五年规划的建议》和《中华人民共和国国民经济和社会发展第十二个五年规划纲要》等相关文件的基础上，加强以经济发展方式转变为主线的改革研究，建议尽快出台新阶段改革的总体规划，对改革的战略目标、战略重点、优先顺序、主攻方向、工作机制、推进方式等进行明确的设计和规划。

（2）出台重点领域、关键环节的改革的专项规划。

——收入分配制度改革方案。

——以公益性为重点优化国有资本配置的改革方案。

——全国性农民工市民化规划。

——全国性基本公共服务均等化规划。

——新一轮财税体制改革专项规划。

——行政管理体制改革的具体行动方案。

2. 高层次的改革协调尤为重要

（1）建立中央层面的改革综合协调机构。

（2）以中央地方关系改革调动地方改革的积极性。新时期在改革推进方式上，更加注重通过改革中央地方财税关系调动地方政府改革的积极性。实现中央地方关系由以经济总量为导向，向以基本公共服务均等化为导向的转变，使地方政府从"GDP中心主义"中摆脱出来，把以经济发展方式转变为主线的改革落到实处。

（3）加强改革立法，强化改革执行的法律约束。按照依法治国的原则改革工作机制与推进方式，加强重大改革立法，注重通过立法化解改革争议、克服既得利益、避免改革推进的主观性，强化改革进程中的法律约束。实现重大改革立法先行，将重要改革目标上升为法律意志，加强改革程序性立法。

（4）建立改革的社会参与机制。建立渠道畅通的改革利益表达机制，建立规范化、经常性的改革社会参与机制，将中央对改革的部署与发挥民间智慧结合起来。

（5）建立改革进程的评估、问责、监督机制。新时期出现的改革目标虚化、泛化、形式化，以及改革进程中的避重就轻、避实就虚等问题，重要的原因是改革的评估、问责、监督机制不健全，使得重要改革目标的实现缺乏可供遵循的"尺度"和标准。这就需要以经济发展方式转变为主线设置相关标准来评估改革，建立健全改革的问责机制和监督机制。建立改革评估指标体系，建立多元参与的改革评估机制，建立规范的改革信息反馈和纠错机制，建立有效的改革问责机制。

（6）注重利用媒体舆论力量推进改革。媒体是推动现代社会变革的重要力量，新时期完善改革工作机制与推进方式，需要充分发挥媒体力量。要注重通过媒体宣传改革营造改革良好的改革社会氛围，使媒体能够成为客观、真实反映改革进程的重要渠道，成为约束既得利益、代表公众利益监督改革的重要平台。

政治体制改革迫切需要顶层设计

陈家刚

陈家刚

法学博士。现为中央编译局比较政治与经济研究中心研究员。专业领域及研究方向为：政治学理论、当代中国政治、陈独秀研究。组织译介"协商民主译丛"，介绍"协商民主"理论。代表性的著作有《协商民主与当代中国政治》等。

政治体制改革迫切需要顶层设计

　　1980年，邓小平同志就指出，为了适应党和国家政治生活民主化的需要，为了兴利除弊，必须改革"党和国家的领导制度"；1986年，邓小平同志再次指出，"经济体制改革每前进一步，都深深感到政治体制改革的必要性。不改革政治体制，就不能保障经济体制改革的成果，不能使经济体制改革继续前进，就会阻碍生产力的发展，阻碍四个现代化的实现。"作为改革开放的总设计师，邓小平同志不仅以其巨大的勇气、高超的智慧和丰富的经验，推动了中国社会的改革开放，而且科学地预见了政治体制改革对于中国未来发展的重要意义。这些论断今天依然闪耀着智慧的光芒。2012年3月14日的两会记者会，温家宝总理指出，"现在改革到了攻坚阶段，没有政治体制改革的成功，经济体制改革不可能进行到底，已经取得的成果还有可能得而复失。"中国改革发展的实践已经证明，"顶层设计"政治体制改革、整体推进政治体制改革势在必行，每个有责任的党员和领导干部都应该有紧迫感。

　　从1978年十一届三中全会开启改革开放伟大事业的航程至

今，我国的社会主义现代化建设取得了举世瞩目的成就，经济建设、政治建设、文化建设、社会建设、生态建设、党的建设等各个方面都实现了前所未有的突破。其中，经济建设尤其突出，成就令世人惊叹。而在政治建设领域，似乎显得特别缓慢和滞后，甚至成为西方国家批评、指责中国的理由。事实是，中国共产党成立90多年来，新中国建立60多年来，改革开放30多年来，政治体制改革和发展的成就尤其突出，意义尤其深远。总结起来讲，政治体制改革取得的成就包括这样一些内容：民主、法治、人权、公平、正义、尊严、幸福等观念深入人心，政治意识形态领域发生巨大变化；宪法和法律的权威性逐步确立，依法治国方略逐步形成；党内民主稳步推进，以党内民主带动人民民主积极推理基层民主，健全协商民主的发展路径逐步明确；领导干部职务终身制已经废除，党和国家政权机关、领导人员的世代更替逐步规范化、制度化；从注重经验转向注重科学和民主，政治决策更加符合人民的利益和愿望；服务政府、法治政府、透明政府、责任政府建设积极推进，政府管理体制逐渐完善；社会自治能力不断增强，一个充满活力的公民社会正在形成；政治生活的理性化、制度化、规范化、程序化程度不断提高；权力制约和监督体系日益法治化，权力滥用和腐败受到相当的制约；一种开放有序的、宽容理性的公民政治文化逐渐形成。

　　然而，如果我们始终保持一份清醒和冷静，坚持倾听群众的意见和建议，勇于直面现实的问题和忧患，我们就会认识到，我国的政治体制改革还有很长的路要走。在政治体制改革问题上，我们依然需要更多的勇气和智慧，需要更多的规划和设计，需要更广的胸怀和视野，需要更多的实践和落实。顺应历史发展的趋势与逻辑，适应经济生活发展的内在要求，"顶层设计"、整体推进政治体制改革，并实现新的突破，已是迫在眉睫。

只有"顶层设计"、整体推进政治体制改革，才能够适应社会主义市场经济发展的需要，有效化解经济发展的阻力、压力和瓶颈，取得经济改革攻坚战的胜利。改革开放以来，通过深入推动政府职能转变，明晰产权制度，积极发挥市场在配置资源过程中的基础性作用，社会主义市场经济体制已经逐步建立起来。但是，目前经济改革在财税金融体制、收入分配制度、价格体制、所有制、国有企业、契约关系与诚信等领域改革逐步进入"深水区"；经济体制每前进一步，都会日益感到政治体制的压力和瓶颈。政府掌握过多资源而抑制市场作用、权力与资本相结合形成固化既得利益，都成为市场经济体制建设的巨大挑战。发展和完善社会主义市场经济，必须进行政治体制改革、社会改革。

只有"顶层设计"、整体推进政治体制改革，才能够有效避免改革的碎片化，避免改革利益部门化、部门利益个人化、个人利益合法化。改革不是昨天的事，今天的事，明天的事，改革持续地存在于社会主义现代化建设的整个历史过程之中，"改革只有进行时，没有完成时"；改革不是一个政党的事，一个团体的事，一个部门的事，改革是整个国家的事，整个民族的事；改革不是左一个政策、右一个规定，上一个发现、下一个创新，改革是有方向、有目标，有路径的。从战略高度对改革作出总体设计，破除陈旧观念的束缚，允许探索，才是正常健康的、整体系统的、符合人民利益的改革。

只有"顶层设计"、整体推进政治体制改革，才能够合理建构社会减压阀，利用各种规范性渠道，促进利益表达，舒缓压力、克服矛盾、消除冲突、化解纠纷、保持稳定。经济体制改革给整个社会带来巨大收益，但同时也将收益固化并形成阻碍改革的既得利益，也诱发和暴露了各种矛盾与冲突。经济发展和社会转型所诱发的经济结构问题、发展方式问题、社会冲突与对立、贫富差距和腐败、公信力下降、群体性事件、脱离群众、生态恶化等问题，普遍存在社会生活之中，越来越多困扰着改革进程。"按住葫芦起来瓢"、"顾头顾不了脚"。现存制度的公正性越来越受到质疑，"政绩合法性"面临严峻挑战。经济改革引发和形成的问题，不能仅仅依靠经济改革的方式来解决，整体的、综合的社会政治体制改革尤为必要。

只有"顶层设计"、整体推进政治体制改革，才能够积极参与全球治理，大力推动国际经济政治新格局的构建。全球化的发展，改变了全球治理的格局。全球能源安全、金融危机、气候变化、环境问题、传染病、恐怖活动等问题，对整个人类都构成了威胁。作为发展中的大国，我国更深入地融入国际社会、更多地参与国际政治，发挥更大的国际作用已经是必然趋势。但是，在现代国际事务中赢得尊重、发挥影响，单纯依靠经济援助、减免债务已经远远不能适应了。在国际社会发挥主导作用，必须遵循国际社会主流价值观，进而从价值观的宣示、利益结构调整、交往策略改变等方面发展出适合自身利益的整体战略。认同共同的价值观，能够得到更多的朋友。只有积极推动政治体制改革，积极参与多边事务和全球治理，增进战略互信，拓展合作领域，才能推动国际秩序朝着更加公正合理的方向发展。从而避免因为不敢宣扬自由、民主、平等、人权、法治和公正等共同价值，而将自身置于相对立的、孤立的境地。

顶层设计政治体制改革，整体推进政治体制改革，不仅是我国社会主义现代化建设事业的内在逻辑，同时也是中华民族实现伟大复兴的必然要求。半个多世纪的探索，我们已经初步形成了具有中国特色的社会主义理论、体系和道路。当前，我们正处于这样的节点，在全球化的时代，如何更积极、更理性、更客观地顶层设计政治体制改革，有效地维护国家利益，不断地完善自身社会政治体制，为人类的文明和发展做出自己的贡献，从而使中国发展道路，在超越传统社会主义模式、西方国家发展道路的基础上，进一步促进世界历史进程具有非常重要的意义。

顶层设计政治体制改革，首先必须在意识形态上实现新的突破，进而推动改革实现新的突破。历史和实践已经证明：什么时候实现了突破，什么时候就能够比较快速健康的发展。"实践是检验真理的唯一标准"是对"以阶级斗争为纲"的突破，是对"两个凡是"的突破，这种突破顺利实现了党和国家工作重心的转移，顺利实现了拨乱反正，成功开启了改革开放的伟大事业；"计划和市场都是经济手段"、"不是社会主义与资本主义的本质区别"突破了姓"社"还是姓"资"的禁锢，积极推动了社会主义市场经济体制的建立。当前，我们又处在一个关键的时期，我们能否在政治体制改革领域、能否在民主发展等问题上有勇气和智慧实现突破，在相当大的程度上决定着中国特色社会主义伟大事业能否顺利发展，中华民族能否真正实现伟大复兴。

顶层设计政治体制改革，其次要在全党、全社会凝聚共识，充分认识到社会主义的政治上层建筑，必须"更加适应经济基础发展变化"。马克思曾明确指出，"人们在自己生活的社会生产中发生一定的、必然的、不以他们的意志为转移的关系，即同他们的物质生产力的一定发展阶段相适应的生产关系。这些生产关系的总和构成社会的经济结构，即有法律的和政治的上层建筑竖立其上并有一定的社会意识形式与之相适应的现实基础。物质生活的生产方式制约着整个社会生活、政治生活和精神生活的过程。"政治上层建筑，即政治法律制度和设施、政治意识形态必须适应经济基础的变化而变化。改革开放 30 多年来，我国社会主义市场经济体制建设取得了巨大的成就，所有制关系、分配方式，以及社会利益格局等方面都发生了巨大的变化，而经济基础的这些变化，必然要求政治上层建筑的完善与发展与之相适应。积极推进社会政治体制改革，既是全面改革的重要组成部分，也是保证经济体制改革成果的客观要求。

第三，顶层设计政治体制改革，必然要求我们在"摸着石头过河"的基础上，更加重视"总体规划，明确改革优先顺序和重点任务"，对改革的目标、路径、阶段、条件、困难和前景等有清醒的认识和总体规划与设计。改革开放之初，从总体上讲，我们对自身革命和建设历史经验的总结与分析还不深入，对世界各国的发展状况的了解还不全面，所以，我们在改革策略上，始终坚持实践的原则，试验性地不断探索，承认有限理性，"摸着石头过河"有其历史必然性和历史合理性，而且在实践中取得了巨大的成效。而现在，我们有了一定的经济基础，有了正反面的很多的经验教训，有了很好的人才积累和思想库，我们对自身的认识、对各国发展模式的认识比较以往任何时候都清晰，因此，我们完全有条件和能力以战略的思维设计和规划未来的改革与发展，系统地明确目标、方向、领域、重点、体制机制等等。不能再"脚踏西瓜皮，滑到哪里是哪里"。做好总体设计和规划，必须坚持：在目标上，要"顺应各族人民过上更好生活新期待";在动力上,"继续将改革是加快经济发展方式的强大动力,必须以更大决心和勇气全面推进各领域改革";在重点和顺序上,必须"大力推进经济体制改革,积极稳妥推进政治体制改革,加快推进文化体制、社会体制改革";在主体方面,必须"进一步调动各方面改革积极性,尊重群众的首创精神"。

第四,顶层设计政治体制改革,客观上要求我们坚持"增量改革"的路径,在既有的政治与法律框架内,积极推动"民主"与"法治"从文本走向实践,使民主运转起来。从共和国建立,到改革开放,在宪法和法律文本中,党和国家建构了最为完善的公民权利保护规定;明确了最为清晰的政府权力边界;形成了比较合理的立法、行政、司法相互支持、相互制约的政治体制。然而,在实践中,宪政精神并未得到深入贯彻,公民权利并未得到充分保护,政府权力并未得到有效约束。人大、政协、政府、司法、政党等制度的实践运作依然残留传统政治的痕迹,长官意志明显,政策随意性强,规则意识不足。整体推动政治体制改革,必须真正使人大行使最高权力机关的作用;改变政协赋予民众荣誉表征的定位,破除其"二线机构"、"养老机构"的精神状态,将政治协商纳入决策过程;确保司法机关独立行使权力,规避行政机关、社会团体和个人的干涉;促进社会组织、普通民众在国家、市场之间发挥建设性的作用。在实践中落实法律文本,激活制度文本,我们有着广阔的空间。

最后,顶层设计政治体制改革,需要我们以开放的心态、宽广的视野,学习借鉴人类政治文明的一切优秀成果。在具有几千年封建政治传统的中国建设民主、法治,没有任何先例可循。要创造比资本主义社会更发达的民主,我们只有认真、系统学习人类政治文明的一切优秀成果。在经济领域，我们已经借鉴了公司制、股份制这些曾经被看成是资本主义专属的东西，并有效地利用市场配置资源。在政治体制改革过程中，我们不会照搬照抄西方的具体模式，但民主，法治，自由，人权，平等，博爱等不是西方的专属，它们是人类共同的文明成果，是人类共同追求的价值观。社会主义当然需要民主法治。没有民主，就没有社会主义，就没有社会主义的现代化。

与经济体制改革相比，政治体制改革的滞后已是不言自明的事实，而进一步着手顶层设计，积极推进政治体制改革也是基本的共识。但在推进政治体制的问题上，尤其需要警惕几种错误的认识与僵化观念。第一，政治体制改革会带来动荡、破坏稳定，从而丧失经济发展的大好局面。事实上，没有政治体制改革的稳定，是表面的、缺乏活力的稳定，真正保持稳定需要深入推进政治体制改革。必须把权力关进笼子里，才能有效地消除冲突，实现真正的稳定。在观念上，我们仍须破除"妖魔化"民主的倾向。第二，政治体制改革应该"毕其功于一役"、可以"一劳永逸"。政治体制改革是一个过程，不同的阶段有不同的目标，顶层设计政治体制改革，并不是凭空想象一个终极的目标。第三，政治体制改革有整体的规划和设计，需要政策的一致性。顶层设计不是整齐划一，不是一刀切。顶层设计，依然需要基层的试点实践和探索。顶层设计政治体制改革，在尊重多样性、复杂性现实的基础上，也为基层改革的深度推进创造了条件，从而使基层走出"下改上不改，最后改回来"的尴尬境地。

一个国家实行什么样的政治制度、走什么样的政治发展道路，取决于这个国家的具体国情和历史文化条件，取决于执政党和广大人民在应对各种复杂问题时所表现出来的智慧和勇气，但归根结底取决于这个国家最广大人民的意志。我们要始终牢记历史上党"密切联系群众"的传统，清醒认识当前人民群众"主动联系"我们的现实，时刻准备未来人民群众"不再联系"我们的挑战。政治体制改革，必须坚持实事求是的原则，以客观、理性和宽容的态度，而非极端的、情绪化的诉求，着眼于解决实际问题，而不是空喊口号。只有这样，我国的社会政治体制改革才能够积极稳妥扎实推进。改革的艰巨性、复杂性，要求我们必须在新的高度上谋划改革的方略，实现改革从量变到质变的飞跃。增强忧患意识远比歌功颂德更有利于长期执政。

中国政治改革的理想路径

郑永年

郑永年

博士，现任新加坡国立大学东亚研究所所长，《国际中国研究杂志》（China: An International Journal）共同主编，罗特里奇出版社（Routledge）"中国政策丛书"（China Policy Series）主编和世界科技书局（World Scientific）"当代中国研究丛书"（Series on Contemporary China）共同主编。其主要从事中国内部转型及其外部关系研究，主要兴趣或研究领域为民族主义与国际关系；东亚国际和地区安全；中国的外交政策；全球化、国家转型和社会正义；技术变革与政治转型；社会运动与民主化；比较中央地方关系；中国政治。

重提改革，如今多了一份纪念。2012 年，是邓小平南方视察 20 周年。20 年前，"中国下一步该往何处去"笼罩着整个中国。20 年后，同样的困惑再次盘踞于每个国人的心头。

对现实的确切困惑，并不能转换为对未来方向的清晰。未来的道路也不会听命于抽象的设计，它只从面临的约束条件出发，通过改革而得到发展，通过发展而达致稳定，而稳定本身又反过来有助于进一步的改革和进一步的发展，这是中国自改革开放以来一直在倡导的良性循环理论。不过近些年来，改革、发展、稳定三者之间似乎进入了一个非良性循环，即无改革、高发展和不稳定。

要破解这个非良性循环，分解式改革的办法没有过时。分解式改革的好处是可以把很多在理论上具有意识形态成分的变革，转换为制度细节和技术问题来处理。这一点在中国尤其重要。

历史上看，俄罗斯和东欧是综合式改革，中国则是分解式改革。中国的改革先于苏联东欧。中国改革有两个鲜明特点：

一是农村经济改革先行城市经济改革随后；二是持续的分权，主要是中央向地方分权。当时戈尔巴乔夫也是想走这条道路，但在高度集权的体制下苏联可惜没有走通。戈尔巴乔夫因此就只能从政治改革入手，即通过政治动员的方式克服高度集权体制的阻力，这就是苏联东欧民主化的起源。民主化一旦发生，社会就会变得激进化，各方面的改革也随之激进化。大爆炸式改革有利有弊，其成功与否很大程度上取决于：社会主义国家之外是否有全国性质的公民社会和市场经济的传统作为新秩序的历史基础。这在某些东欧国家是有的，它们的社会主义体系本来就是强加的，但有些国家就没有，例如苏联和中国。

当下中国，理想的改革步骤可分解为三步：先经济改革，再社会改革，再政治改革。

分解式改革设计并不是要忽视社会体系的关联性，恰恰相反，分解式改革的动力来自于这种关联性。当某一领域的改革进入深层次，领域之间的联动效应就会变得非常明显。因此面对犬牙交错的各领域问题，好的分解式改革，都是因势利导的。例如，用经济改革的成果作为社会改革的基础，利用经济转型造成的社会问题作为社会改革的动力，这样改革才能环环相扣，步步为营。

但并没有任何东西能够保证改革顺着这个次序。如果保障人们社会权利的社会制度建立不起来，基本社会正义得不到实现，那么矛盾就会进一步政治化，政治一旦激进化，就有很多可能性，既可能是导致政治改革甚至民主化，也有可能是政治革命甚至天下大乱。中国现在正处于这样一个关键点上。

维稳靠社会而非政治

社会改革应是当下中国的主体性改革。在经济改革和政治改革中间插上一个社会改革，并非是拖延、躲避政治改革议题，恰恰是为了未来的政治改革创造制度基础。社会改革具有承上启下的作用。

当前中国一边经济高速发展，一边社会的解体也在加速。社会解体表现在各个方面，但最显著的表现就是近来高涨的社会暴力，尤其是个体化的社会暴力。暴力发生在社会和政府之间、社会和资本之间、社会与社会之间。这些角色之间的暴力已经充塞媒体报道。但这里有两大趋势特别值得注意。

第一，分散化的地方资本或者政府的暴力已经导致了社会个体化的暴力。中央政府政令和地方政府各个方面行为的冲突与脱节现象越来越严重。在中央三令五申地强调"和谐社会"的同时，地方政府正引发着无穷无尽的矛盾和冲突。地方政府和资本的利益结合体不是导致地方权力的极权（"土皇帝"），就是制造资本的极权（原始形态的资本主义）。同时，以稳定为名义的社会控制（"维稳"），导致社会集体行为在很多场合变得不可能，社会个体不得不诉诸个体暴力来对抗地方权力或者资本。

第二，更为严重的是，在暴力背后隐藏着社会对政府和资本的极度不信任。政府部门生活在权力的城堡里面免受市场力量的冲击，资本有赖于自身财富或者"权力资本"，可以从容应付和消化市场，但普通老百姓面对无情的市场力量则无可逃避。社会和政府、资本之间的不信任度加剧，社会的暴力程度也随之加剧。同时，当社会失去对政府的信任时，政府治理也很容易失效。无论政府说什么，社会都持怀疑态度；无论政府做什么，都赢得不了社会的认同。社会对政府的不信任又成为政府政策失效的其中一个主要原因，导致一种政府无力和社会不信任的恶性循环。

当前社会出现越来越多的不稳定因素，政府的"维稳"任务显得格外重要。但无论政府的"维稳"努力有多大，技术手段有多高超，这些都是"外科手术"，只能产生一种机械的外在稳定。并且，"维稳"很有可能走到自己的反面，即"维稳"的努力越大、投入越大，社会越不稳定。这也不难理解。对政府来说，目前的"维稳"不管其内涵如何，其主要表现为经济和暴力两种形式。用经济力量来"维稳"，虽不会激起反抗，但耗资巨大，不可持续。"维稳"的经济学逻辑就是会鼓励和激发越来越多的社会力量通过"不稳定"状态而获得经济利益。政府作为掌握国家暴力唯一合法的组织，暴力在"维稳"过程中也始终扮演着不可或缺的作用。当经济手段不能发挥作用时，暴力就变得不可避免。但历史经验表明，使用暴力会导致更多的暴力。当今中国社会存在着的形形色色的针对政府的社会暴力行为已经说明了这个问题。

在任何社会，不能过分夸大政治在社会稳定过程中的作用。如果社会本身不能产生一种基于自身的秩序，那么政治往往是分化社会的力量，从而也是社会不稳定的力量。无论是在民主社会还是在非民主社会，这都是一样的。西方社会的稳定主要并不是因为民主政治，而是因为存在着庞大的中产阶级。因为中产阶级庞大，无论哪一个政党执政，或左或右，都要照顾到中产阶级的力量。在很大程度上说，是社会自身，而非政治在维持社会稳定。中产阶级之所以是稳定的基础不仅仅是因为他们需要一个稳定的社会环境来保障他们的财产安全，更是因为他们在遇到新的局面和问题时，往往会理性地思考，不会走极端路线。这也就是中国传统上所说的"有恒产者有恒心"的道理之所在。

相反，在中间力量弱小的社会，无论是民主政体还是权威政体，社会稳定没有任何基础。在中间力量弱小的社会，一般的情形是，各社会群体，经济上（收入和财富）高度分化，思想意识上高度对立，少有妥协的空间。如果存在民主政体，那么各派政治力量不仅没有能力整合社会，反而使得社会更为分化，它们各自动员自己的支持力量和其他反对自身的社会力量进行斗争。政府权威和社会秩序的双重缺失往往是这些社会的常态。如果存在权威政体，那么社会秩序往往是通过强权甚至暴力来维系的，就是说，社会本身没有整合自身的能力，只有依靠政治力量。这样就出现了上面所说的"维稳"局面。而这样一个社会秩序的可持续性随时都可以成为问题。

在中产阶级缺失的情况下，权势者（往往是极右派）和贫穷者（其中很多是左派理想主义者）互相"折腾"，造成整体社会的不确定感。中产阶级本来就很弱小，处于这样一种环境中更是深感不安，不断寻找机会出走，通过各种方式的移民在全世界到处寻求安全的落脚点。

为此，把建设社会中间力量放置于目前中国的"维稳"困境中显得极具意义。如果没有坚实的社会基础，国家和政府方面的任何努力都难以实现和谐社会。

从可持续经济发展的角度来看，实际上，中国的情况可能比陷入中等收入陷阱的国家还要差一些。在菲律宾、泰国、马来西亚等国家，很多方面是因为政府不作为。这些国家，政府没有有效的产业升级政策，导致经济不能持续发展。到现在为止，这些国家经济发展主要是社会（企业界）本身驱动的，呈现出藏富于民的态势。如果政府决策得当，就会取得长足经济发展。这些国家的政治挑战在于如何走出低度民主陷阱，就是说现行的民主政治很难产生一个有效政府。但在中国，中国的发展是通过国家动员而取得的，是建立在社会资源的大量消耗上的。

如果社会改革找不到突破口，得不到深化，那么经济发展有可能甚至比这些已经陷入中等收入陷阱的国家更为困难。

社会改革的突破口

危机既不可避免，也不可怕。中国是一个危机驱动的社会，有危机才会有进步。

尽管中央政府在大力呼吁社会管理，但各级地方政府仍然把重点置于经济发展上，社会管理并不是很多地方政府的关注重点。主要的原因在于地方政府看不到社会改革和社会管理对于可持续经济发展的意义。必须把社会管理放在广义的社会改革的内容中来讨论。中国传统上一直是一个家长式社会，如果抽象地讨论社会管理，人们就会对社会管理作出狭义的理解，以为社会管理就是社会控制。

从社会改革看社会管理，那么就要强化社会的自我管理，而不是强化社会的"被"管理。

社会如果要自我管理，那么就要求给予社会很多空间，有了空间才能发展出社会的自治组织或者自下而上的秩序。社会没有这种能力，只好高度依赖政府。所以，在社会管理上，中国政府的负担远远大于其他很多国家的政府。

政府必须把那些社会可以自我管理的领域开放给社会本身。如果中央只向地方、或者只向国有企业和其他政府部门分权，必然会演变成地方专制和大量"土皇帝"或者"权贵"的出现。要对"土皇帝"和"权贵"进行有效制约，就须进一步向社会分权。

那么什么是社会发展和赋权社会的最大障碍呢？在中国的制度环境里，如果要赋权社会，最迫切需要改变的是目前盛行的举国体制。举国体制的另外一个名称是国家动员体制。在这种体制里，政府本身仍然是经济活动的主体，全面垄断金融（国有银行）、土地（地方政府）和战略资源（央企），反而是直接税收和公共服务倒显得无足轻重了。也就是说，中国政府仍然拥有一个庞大的国有经济体系，这个经济体系决定了"市场经济"的运行。市场只是政府实现其经济和社会目标（或者政治工程）的一种工具。无论是历史上还是现在，政府常常会使用其他替代性工具，例如国家计划、行政垄断和直接的准军事动员。

如果政府（尤其是国有部门）无限扩展，市场空间继续萎缩，财富继续从社会流向国家（或者国家代理者）而不是相反方向，那么今天一些人津津乐道的"举国体制"必然会最终演变成一种自我击败的体制。

出现一个强社会对中央政府有好处。今天政策执行不力和社会虚弱有关系。虚弱的社会对政府很难施加影响力。中央政府只有依赖官僚机构来推行政策。但没有社会对官僚机构的压力，官僚机构就没有动力来实施政策。而弱社会本身更是没有力量来帮助实行政府政策。

可见，国家和社会、政府和人民不是一场零和游戏，可以是双赢游戏。中国需要的是一个具有自我组织化能力的社会。没有社会，政权就没有基础。如果社会是脆弱的，政府必然是脆弱的。

政治改革：政党内部多元主义

尽管现在中国的主体性改革是社会改革，但这并不表明政治改革不需要。相反，社会改革缺少进展和缺少政治改革有关。要推进社会改革，必须进行政治改革。社会改革与政治改革不是截然分开的先后两个阶段；但政治改革在当前是辅助性的。较之政治改革，社会改革并未涉及政治精英的核心利益，而且社会上下容易取得共识，因此比较容易进行。但社会改革并不能替代政治改革。

在政治改革方面，我们主张，基本国家制度建设在先，而民主化在后。

民主政治在西方社会为什么运作良好，但到了很多发展中国家就运作不良呢？主要是国家制度建设问题。

历史地看，如果以民主化为界，基本国家制度可以分为三类。第一类是在大众民主化之前就必须建立的制度。这些制度，如果不能在民主化之前建立，民主化之后就很少有机会了。这类制度对于一个社会的正常运转最重要。实际上，任何一个（近）现代国家都必须具有这些国家制度。从经验看，大多数国家制度都是在民主化之前得到建立的。军队、外交、国防、中央与地方体制（比如联邦制）、市场经济、税收体制、现代银行体系、基本法律体系、公共住房、教育和医疗以及基本社会保障等很多国家制度的确立和选举民主没有什么关系。很少有国家以民主化为工具进行国家制度建设的。换句话说，在国家制度建设方面，民主化的业绩很一般甚至很差。第二类是在民主化之前得以建立，但在民主化之后发生变化的制度。例如代表制度往往在民主化之后得到改善，收入分配制度例如税收和福利保障制度得到转型，而传统的一些特权制度则消亡。第三类是必须在民主化之后发生和建立的制度，尤其是和民主政治相关的制度。

从国家制度建设的角度，不难看出目前的中国处于一个什么样的水平。法治、税制、金融制度、社会制度等方面还有很多事情要做。而这些事情并不是民主化可以涵盖的。

从世界经验看，并不是说以选举为主体的民主化必然会发生在国家制度建设之后。但有效的国家制度是高质量民主的保障。因此，我们需要积聚理性，克制对民主的热情。为了它更好的到来和实现，现在需要努力推进基本国家制度建设。

谈民主化的问题，不能漫无边际、天马行空。从长远看，以选举民主为主体的民主化不可避免。这当然不是说，中国要实现西方式的选举民主。中国需要什么样的民主，需要从中国政治历史与现实的实践中去寻找未来。政治问题是经验性的，道德判断无助于问题的解决。

在中国，执政党只有一个，因为其他党派和政治团体必须通过执政党所确定的政治过程参与政治，中国共产党的主体性不言自明。因此在中国，政治改革的核心是中国共产党的改革。不管人们喜欢与否，所有关键的改革都和执政党的改革和发展联系在一起。

中国共产党这种主体性在很长的历史时间里并没有改变，也不太可能会改变。这不仅是因为中国共产党本身的生存发展因素决定了这一形态，更是因为这种主体性具有深厚的历史文化根源，中国数千年的历史上并没有产生近代政党概念，"党争"一般被看成是一个朝代走向衰落甚至灭亡的标志性事件。

当前一个客观局面是，人们只知道在政治方面"什么不能做"，但不知道政治改革做什么、怎么做。不能正视所存在的问题，就难以找到解决问题的办法。

中国政党演化成西方式政党有一定难度，但现在党权的载体是组织，而组织则可以民主化。

开放、竞争和参与，正构成中国政治发展的大趋势，而这三者也都是根据执政党的政治策略而展开的。

开放最重要，即政治过程向不同社会群体、不同的利益开放。开放是竞争的前提条件，没有政治过程向社会开放，不同社会群体的人才就难以参与政治，就谈不上竞争了。但竞争不是西方意义上的单纯选举，而是选拔基础之上的选举。参与就是社会的不同群体参与政治过程。竞争又是参与的前提条件，没有竞争，就没有参与。参与既可以是对人才的选拔或者选举，也可以是对政治人物的政策制定和落实的参与。

政治上的开放性，在西方是通过外部多元主义即多党政治来实现，在中国依靠的是一党内部多元主义来实现。从中国共产党所经历的变化来看，它追求一个一党制主导下的开放型政党制度。

今天，中国社会所面临的很多政治问题，可以用执政党对内对外的开放性不足来解释。因此，根据中国文明的特点，政治改革的目标就是开放式建党，实现开放政治。

冲破极左阻力,推进政治体制改革

王贵秀

王贵秀

中共中央党校教授,主要研究方向为中国政治体制改革,代表性著作有《论民主和民主集中制》、《政治体制改革和民主法制建》、《中国政治体制改革之路》。

改革作为一种新的伟大革命，其进程不可能一帆风顺，因为它的推进特别是实质性的推进，必然会遇到种种阻力。改革前期（20世纪80和90年代），改革的阻力主要来自极左思潮和极左势力。改革后期（21世纪以来），改革已进入深化阶段，由于市场经济刚初步形成，还很不规范，而政治体制改革又严重滞后，在此情况下，一个强势的权贵既得利益阶层就得以形成。此时，改革的阻力，首当其冲的就是这种权贵既得利益阶层的阻挠和压制；其次也有极左思想及其指导下构建和固化起来的集权体制的禁锢。当前，这两种阻力突出表现在阻挠（实质性的）政治体制改革上。对于前者，我在《同舟共进》2010年第10期的一篇短文中曾指出：政改的最大阻力来自权贵既得利益阶层。这里着重谈谈冲破极左阻力，推进政治体制改革。

一、邓小平在南方谈话中关于
反"左"防右的论述

20年前,正当"左"的东西猖獗之际,邓小平针对长期存在的只反右不反"左"的积弊及其危害,作了深刻总结。主要包括:

1. 当前的主要危险是"左",而不是右。"现在,有右的东西影响我们,也有'左'的东西影响我们,但根深蒂固的还是'左'的东西。"

2. 这种危险的具体的突出表现。"有些理论家、政治家,拿大帽子吓唬人,不是右,而是'左'。"

3. "左"的可怕之处在于以"革命"的名义吓唬和打击人。"'左'带有革命的色彩,好像越'左'越革命。'左'的东西在我们党的历史上可怕呀!一个好好的东西被他搞掉了。"

4. 总的结论是:"中国要警惕右,但主要是防止'左'。"这是一条带有规律性的基本经验,也是长期的战略任务。

这些论述为我们实事求是,解放思想,排除"左"右干扰,坚定不移地贯彻执行党在新时期的基本路线指明了方向,为建立以市场经济为取向的经济体制改革奠定了思想理论基础。这不仅对当时的改革开放起到了重要的指导作用,而且其精神对当前和今后的改革发展仍然具有重要的启示和指导意义。

二、历史上只反右不反"左",越反越"左"的惨痛教训

只反右不反"左"或名为反"左"实则反右的思想和做法,源远流长,根深蒂固。如此这般反对错误倾向,必然会越反越"左",以至达到登峰造极,而造成难以收拾的可怕局面。这样惨痛的历史教训,实在是太多了。仅新中国建立以来,我们党开展过多次所谓路线斗争,而每一次几乎都是反右,实际上没有真正反过一次"左"。而所谓反右,往往是混淆是非,颠倒黑白,把正确的当作右的来批,甚至"左"右颠倒,把"左"也当作右来批。有时也不得不表示要反一下"左",但最终变着法子还是归于反右,于是就有了一系列极左理论和做法:以反"左"开始而以反右告终(如庐山会议);有的名为批"左"而实为批右,如"四清"中有所谓批"形左实右";林彪事件后又批其"极右实质";粉碎"四人帮"之后还批了一阵子"假左真右"。这就是说,明明是"左"的东西或极左的东西,往往硬要说成(当成)右的东西来批、来整,这就使人谈右色变,患上"恐右症",而"左"和极左却成了"革命"、"进步"的代名词。在这种政治生态下,奉行"'左'比右好"以及怕右不怕"左","宁'左'勿右",患有"恐右症"者,以往不在少数;而在改革开放30多年后的今天,也不乏其人。

即使是在反对极左比较得力,推进改革比较顺利的时期,由于极左势力的反扑和干扰,而造成一定的曲折和反复,也时

有发生。如屡有利用所谓"清除精神污染"、反对"自由化"或反对"西化"、"分化"以及划清社会主义与资本主义的原则界限等等情况，这实际上是把中国特色社会主义的"特色"无限夸大，拒绝借鉴资本主义中所蕴含着的合理内容。我们知道，任何"主义"或"模式"都不能照搬，但这不等于不能借鉴，汲取其中合理的东西。

三、"左"右概念可否弃之不用

近来有人认为，随着"革命"的淡出，"左"右问题可以不必管了，其概念也可以淡出，以至弃之不用了。对此，我想谈一些个人的看法。

首先，有人对"左"右问题上所犯错误及其严重后果和恶劣影响，深恶痛绝，急切地期望以后不要再搞此种"斗争"了，这是可以理解的，其精神应该加以肯定。然而，这绝非不再提及"左"右问题，摒弃"左"右概念所能奏效的，而且，这会对分析研究历史问题和现实问题带来很多困难。试想，把"左"右问题上所犯错误作为历史留给我们的经验教训，不仅需要牢牢记取，而且需要结合新的情况不断深化对它们的认知。再试想，在"左"右问题上长期形成的那些似是而非的糊涂观念以及错误做法，在现实中仍然这样那样地存在于一些人的头脑中，根深蒂固。这些人往往继续用这些理论工具来分析研究当今许多现实问题，并用它们来表达和争论。如果"左"右概念一旦被废弃，那我们运用什么理论工具与他们对话、交流、沟通呢？再试想，"左"与右的问题，"左"与右的概念，西方国家也在广泛使用。虽然，他们的用法和含义与我们大不相同（在他们那里，与右相对的左不加引号；左与右都是中性词），但我们分析研究西方国家有关左与右问题的社会思潮及其变化，不能不使用左和右这类概念。

其次，"左"右概念或"左"右问题本身异常复杂，加之长期错误地开展反右斗争，在理论上和实践中造成了许多难以厘清的混乱，至今仍然困扰着人们。基于此，当前和今后，围绕"左"右问题、反"左"反右问题，需要深入研究和探讨的课题很多，如"左"右概念的由来（为什么通常我们在"左"字上加引号，而在右字上则不加引号）；"左"倾与右倾的区别和划分标准；"左"右倾与左右派的区别和联系；反对"左"右倾向与两条战线斗争；西方国家所说的左和右（或左派和右派）与我们所说的"左"和右有何区别；等等。要研究这类问题，非使用"左"右概念不可。

再次，当前改革遇到来自极左方面的责难不可忽视。最近几年，改革发展到关键时期，机遇与挑战共存，矛盾和问题突显。而无论是"老左"还是"新左"，几乎都把诸多社会矛盾和问题的根源归之于改革开放。当前面临的突出矛盾和问题，诸如公权滥用，市场扭曲；权钱结盟，贪腐成风；分配不公，贫富悬殊；官民矛盾加剧，伦理道德沦丧；等等，在极左眼光看来，都是根源于改革开放，根源于放弃阶级斗争，背离"继续革命"，使资本主义复辟。因此，要解决这些矛盾和问题，出路只有一条：坚持以阶级斗争为纲，坚持"继续革命"，反对资本主义复辟，回到"文革"时期那种极左的一套，甚至比那时更"左"。

在这种情况下，要想推进实质性的改革，使改革有所深化，就必须进一步解放思想，正确开展两条战线的斗争，确实冲破那些干扰和抵制改革，特别是政治体制改革的极左阻力。

四、当前的极左最突出地体现在政治体制改革方面

"左"、极左的具体表现及其危害在不同时期是有所不同的。因此，解放思想，冲破极左阻力的干扰和阻挠在不同时期应当有不同的侧重点。当前，"左"的、极左的干扰和阻挠最突出地表现在政治体制改革方面，冲破极左阻力在这方面必须特别"给力"。只有这样，才能使改革实现重点突破，取得实质性进展。

一个时期以来，有些习惯于拿大帽子吓唬人的"理论家、政治家"（不妨称之为"左王"、"左顽"），常常故技重演，把在经济体制改革方面用过的"姓社、姓资"的大帽子，又动辄用在了政治体制改革方面，企图以此来阻止人们对政治体制改革深入研讨。

值得特别注意的是，有些人对我国政治体制和政治体制改革的看法，很适合决策者的口味，或最容易被当权者接受，因此其影响不可小视。在他们看来，我国的政治体制本来就是很好的，或者说，经过30多年的改革已经变得很好了，无须进行什么改革了。今后的任务只是进一步"完善"，使之不断得到巩固和强化。其奇妙的论证方法和政治逻辑是这样的：

他们对我国原有（或现有）政治体制（即高度集权的政治

体制）给予全盘肯定和高度赞扬，认为它是当今世界上最好、最优越的政治体制，既突破和超越了我国传统的集权专制（"集中"）体制，也突破和超越了西方民主体制，美其名曰"集权（集中）与民主相结合"的体制。其基本政治逻辑和路径是：在非常时期，把党国一体化（一元化）的高度集权（极权）动员体制发挥到极致，大搞突击性的群众运动，实现全民动员，不惜在全社会范围冲击和打破（打乱）正常秩序，从而取得别的国家难以望其项背的轰动效应。以此来证明我们的体制无比优越。其"有力例证"就是抗震救灾、举办奥运会等特殊事件。有的高层领导者，为了使这种体制的"优越性"持续不断地得到充分发挥，竟然扬言要把这种特殊情况下的非常之举"常态化"，真是匪夷所思。有的政治学者为了用成功举办北京奥运会证明我国现有政治体制无比优越，竟然不顾起码的逻辑常识，硬说北京奥运会与此前和此后的奥运会"完全不同"。请问：北京奥运会与其他所有奥运会"完全不同"或没有任何相同之处，岂不是说它根本不是"奥运会"吗？！那它成了什么呢？！把这种逻辑用在我们的政治体制上，那就是说，我国的现有政治体制与古今中外的其他所有政治体制都"完全不同"，岂不是说它根本不是什么"政治体制"，而变成了别的什么东西了吗？！以如此"左"的思维方式来评估和维护原来的极左体制，推进政治体制改革岂不成了无稽之谈？！

当前，深化改革成为热门话题，但议论的几乎都是经济体制改革、行政管理体制改革、社会管理体制改革、文化管理体制改革等，而对政治体制改革偶尔有人提到，也是一带而过，大都讳莫如深，避而不谈。为什么会这样？因为正是在政治体制改革方面用大帽子吓唬人的极左思潮和势力，大有死灰复燃、卷土重来甚至变本加厉之势，使得"识时务者"只好在这方面不吱声。这从个人利害关系考虑，不失为一种明智选择。但是，从党、国家和人民利益以及当前面临的最突出的矛盾和问题考虑，这就很令人担忧。因为党和国家面临的最大、最突出的矛盾和问题正是政治体制改革严重滞后，而且有越来越滞后之势。这已经直接影响到经济体制改革的深化和经济的可持续发展，直接影响到各级领导机关的民主科学决策，直接影响到行政管理体制、社会管理体制、文化管理体制的改革和创新，更加严重影响到反腐败斗争的成效和深入，等等。再不从实质上大力推进政治体制改革，现有各种社会矛盾和问题必然会加剧，从而引发社会以至政治危机。

五、政治体制改革的突破口和路径

要从实质问题上推进政治体制改革，首先要警惕和防止由对现实不满引向自下而上的传统"政治革命"，而坚持自上而下的"政治体制改革"。

建设有中国特色的社会主义民主政治作为政治体制改革的方向和目标，包含着丰富的内容。而作为其重要组成部分的党内民主建设具有特殊的重要意义。我以为，中共作为执政党在整个政治体系中处于极端的特殊重要地位，其自身的民主改革和建设，对国家和社会的民主化改革具有巨大的驱动力；作为全社会的先锋队政治组织，其自身的改革和民主建设，理应走在前列，给国家和社会作出示范，发挥带动作用；作为有严密组织系统和严格纪律的政治组织，率先实行民主改革，易于掌控和约束，困难和风险比较小，基于这些，把党内民主改革和建设作为政治体制改革的突破口应该是最佳选择。

中共十六大报告把党内民主提升到党的"生命"的高度，并强调了党内民主对人民民主的示范和带动作用，还具体指出，发展党内民主，要以保障党员民主权利为基础，以完善党的代表大会制度和党的委员会制度为重点，从改革体制机制入手，建立健全充分反映党组织和党员意志的党内民主制度。这就从"基础"、"重点"、"入手处"和"目标"诸多方面为新时期执政党民主建设描绘出了一幅宏伟而清晰的蓝图。党内民主建设的当务之急是，按照中共十六大、十七大精神，着力做好以下工作：

（1）建立健全有关制度，以完备的制度保障党章规定的党员民主权利，确实体现和落实党员的主体地位。而关键是实现和保障党员的思想言论自由权利。这是贯穿于党员八项权利的灵魂。

（2）改革和完善党的代表大会制度，加大实行党代表大会常任制的力度。关键是建立党代会执行机关的常设机构——党代会常设委员会。

（3）调整和理顺党的各级领导机关及其领导人的权力结构和运行机制，改变权力授受关系模糊不清以至颠倒的倾向，把"建立健全决策权、执行权、监督权既相互制约又相互协调的权力结构和运行机制"的思路细化和具体化，逐步见诸实践。

弊端与良方：论政治体制改革的迫切性

沈宝祥

沈宝祥

沈宝祥，中共中央党校教授。长期从事中国特色社会主义研究，兼及党建理论和中共党史，发表论文近500篇。现任中央党校中国特色社会主义理论研究中心特约研究员、中央社会主义学院、北京社会主义学院兼职教授。

我国的改革已经进行了三十多年。这三十多年，是整整一代人的勇敢探索和艰苦奋斗。现在，人们对改革抱着新的期待。近两三年来，"再改革"，"第二次改革"，"重启改革"，"新改革时期"等提法，不断出现。这是人们对改革的呼唤。这说明，我国的改革没有完成，改革仍然存在迫切性。本文仅就政治体制改革谈一点意见。

反思辛亥百年的启示

2011年，我国各界人士，包括共产党和各民主党派，特别是知识分子和青年学生，自觉地、郑重而又理性地纪念辛亥革命100周年，认真总结和反思中国百年历程，民主共和是其重点之一。

翻看纪念辛亥革命的文论，人们认为，孙中山创建共和虽然没有取得成功，但它开启了一个新时代。这就是中国人民为民主而奋斗的新时代。

中国共产党人继承了孙中山开始的事业，取得了伟大的胜利和成功。孙中山追求的民族独立的目标，我们早已实现了。孙中山追求的民生目标，我们已经在很大程度上实现并正在进一步实现。但论者比较一致地指出，孙中山的民权目标，仍然差距较大。这是一种客观存在的舆论。我们党一贯强调，要倾听群众的呼声。这样的群众呼声，当然是应该听一听的。

人们借辛亥革命百年纪念，又一次热议政治体制改革。这不是偶然的。从宪法和法律条文看，从形式上看，我们的民主政治、政治体制似乎相当完善，但人们的实际感受却往往不一样。这是人们的错觉吗？这是人们的认识偏差吗？这真是值得我们认真思考的问题！

应当说，进入历史新时期以来，我们的社会主义民主政治确实是在不断发展。作为体现人民当家作主的全国人民代表大会，自1978年3月召开第五届第一次会议以来，三十多年来一直能够按时召开。地方各级人民代表大会也能够按时召开。体现民主的基层自治（农村的村民自治和城镇社区的居民自治）也有了很大的发展。干部管理上各种体现民主精神的举措，等等。这些，都是我国社会主义民主政治发展的体现和成果。

还要看到，三十多年的发展，尤其是市场经济的发展，对外开放的发展，人民教育程度的提高，各种积极因素的累积，使我国广大人民的眼界大开，政治观察力和判断力大为提高，他们的民主意识、参与意识日益增强。这同个人迷信盛行的年代相比，真是有天壤之别啊！在这方面，我们也要尊重群众，相信群众。

毋庸讳言，对我国民主政治的发展，对我国政治体制的状态，确实存在着不一致的估量和看法。有一种观点认为，改革开放以来，我国的经济快速发展，这就证明，我国的政治上层建筑基本上是适应经济基础的。言下之意是，我国的政治体制不必做大的改革。这样的观点似乎很有道理，符合马克思主义的基本原理。但是，第一，对基本原理要完整准确地理解；第二，对任何事物都要作具体分析，基本原理代替不了对具体事物的具体分析。

毛泽东曾说：在社会主义条件下，在我国，上层建筑与经济基础之间，存在着既相适应又相矛盾的状况。我们要看到二者相适应的一面，又要清醒地看到二者相矛盾的一面。社会主义的发展进程还表明，这种既相适应又相矛盾的状况也是发展变化的，而不是固定不变的，有时，矛盾的方面会比较突出。上层建筑与经济基础之间的矛盾，往往是政治制度和体制的问题。改革开放以来，我国上层建筑与经济基础之间的矛盾方面，也是这样的状况。就当前来说，经济方面存在的问题，如贫富差距拉大，腐败现象、垄断，建设中的决策失误，形象工程、政绩工程，等等，已造成经济上的巨大损失。这些都是上层建筑与经济基础之间矛盾的具体表现，都可以也需要从政治体制上找到原因，都提示我们要进行政治体制的重大改革。

民主就其本意来说，是指国家形态、国家制度，是建设一个什么样的国家问题，是人民当家作主的国家，还是个人或集团专政的国家这样的问题。说到底，这是国家权力的配置问题，也是我们推进政治体制改革首先要考虑的问题。

民主还是一种价值追求，人们拥护社会主义，不仅是为了共同富裕，还为了民主政治，因为民主是个好东西。正因为如此，民主才作为我们的重要目标。

对于民主政治，对于政治体制改革，不能仅仅从上层建筑与经济基础的角度看待。如果囿于这个视角，就容易重新陷入民主只是手段、工具的误区。当年讲民主是手段不是目的，就是片面地从上层建筑与经济基础的角度论述问题，陷入这个误区的。

党中央对于民主政治有足够的认识。邓小平早就指出，没有民主就没有社会主义，就没有社会主义的现代化。十六大提出，党内民主是党的生命。十七大又进一步提出，人民民主是社会主义的生命。可是，近年来一再出现种种与此相悖的"理论"。澄清这些似是而非的"理论观点"，是推进政治体制改革、发展社会主义民主的重要方面。

"弊端"就是政治体制需要改革的硬道理

关于政治体制改革，邓小平讲得最早，讲得最多，讲得最明确。邓小平1980年8月的《党和国家领导制度的改革》讲话，是他关于政治体制改革的颠峰之作。这些，都收在他的文选里，是他的重要政治交代，是需要改革的后继者们（今天在第一线的改革者都是改革的后继者）认真践行的。

邓小平是务实的政治家，他讲政治体制问题，不是抽象讲道理，而是从剖析现状入手，即从我国的实际出发。他在《党和国家领导制度的改革》的讲话中，深刻地剖析了党和国家领导制度的弊端。他讲的"党和国家领导制度"，就是政治体制问题，而且是政治体制的核心问题。

邓小平列举了党和国家领导制度存在的五个弊端,即官僚主义现象、权力过分集中的现象、家长制现象、干部领导职务终身制现象、形形色色的特权现象。他对这五种弊端作了深刻的剖析。

五大弊端,最主要的是权力过分集中的弊端。邓小平说:"权力过分集中,就是在加强党的一元化领导的口号下,不适当地、不加分析地把一切权力集中于党委,党委的权力又往往集中于几个书记,特别是集中于第一书记,什么事情都要第一书记挂帅、拍板。党的一元化领导,往往因此而变成了个人领导。全国各地都不同程度地存在这个问题。"① 邓小平指出了权力过分集中体制的危害,他说,"因为对这个问题长期没有足够的认识,成为发生'文化大革命'的一个重要原因,使我们付出了沉重的代价。现在再也不能不解决了"②。这是极为深刻的总结。邓小平认为,权力过分集中是政治体制的总病根。

关于官僚主义,邓小平说,我们现在的官僚主义现象,除了同历史上的官僚主义有共同点以外,还有自己的特点,它同我们长期认为社会主义制度和计划管理制度必须对经济、政治、文化、社会都实行中央高度集权的管理体制有密切关系。就是说,我们的官僚主义根源在于中央的权力过分集中的体制。

关于家长制,邓小平对建国以后家长制的形成和发展,作了具体的描述。实际上,家长制是权力过分集中的必然结果,也是权力过分集中体制的具体表现。

关于领导职务终身制,邓小平认为,这个问题没有及时解

---

① 《邓小平文选》(第 2 卷),北京:人民出版社,1994:329
② 《邓小平文选》(第 2 卷),北京:人民出版社,1994:328

弊端与良方：论政治体制改革的迫切性

决是一个失策，但他认为，在当时的具体历史条件下，这个问题也无法解决或无法完全解决。当时的具体历史条件，很重要的就是权力过分集中和家长制的存在。

关于形形色色的特权，邓小平指出，一方面，是一些干部不把自己看作是人民的公仆，而把自己看作是人民的主人，搞特权、特殊化；另一方面，解放以后，我们没有自觉地、系统地建立保障人民民主权利的各项制度，法制很不完备，也很不受重视。这些，也是权力过分集中体制的必然结果。

邓小平在具体分析了领导制度的各种弊端以后，明确指出，领导制度、组织制度问题更带有根本性、全局性、稳定性和长期性。他尖锐地说："这种制度问题，关系我们党和国家是否改变颜色，必须引起全党的高度重视。"[①]

邓小平指出的党和国家领导制度（即政治体制）中存在的这些弊端，最好地说明了进行政治体制改革的必要性和紧迫性，这是需要推进政治体制改革的硬道理。这个道理"硬"在哪里呢？邓小平说："如果不坚决改革现行制度中的弊端，过去出现过的一些严重问题今后就有可能重新出现。只有对这些弊端进行有计划、有步骤而又坚决彻底的改革，人民才会信任我们的领导，才会信任党和社会主义，我们的事业才有无限的希望。"[②]邓小平说得很清楚，一是如果不通过政治体制的改革，而且是"坚决彻底的改革"，解决这个问题，过去犯过的错误就可能重犯；二是只有通过"坚决彻底的改革"，人民才会信任我们的领导。这是党的执政合法性的问题，是党的执政地位能否稳固的

---

① 《邓小平文选》（第 2 卷），北京：人民出版社，1994：333
② 同上

问题。

邓小平的这个讲话，已经过去了32年，但我们今天读起来仍有强烈的现实感。为什么呢？因为邓小平讲的问题，指出的弊端，在现实生活中仍然存在。

若干年来，媒体一再报道，一些落马的贪官说，他们当第一把手时是不受监督的，没有任何人能够对他们实行有效的监督。我们剖析这些案例，可以清楚地看到，什么叫过分集中的权力，过分集中的权力是怎样变成绝对权力的（笔者认为，绝对权力就是集大权于一身又不受监督的权力），绝对权力又是怎样变成绝对腐败的。2010年，铁道部长刘志军的落马，以及随后发生的"7·23事件"，也相当典型地说明了这个问题。

政治体制存在的弊端，仍然是需要进行政治体制改革的硬道理。邓小平的《党和国家领导制度的改革》一文，远没有过时。

良方正待实施

多年来，我们党对政治体制的改革积极进行探索，设计了不少良方。略举以下四例。

（一）建设法治国家

党的十五大报告提出：依法治国，建设社会主义法治国家。这是民主制度化、法律化的必然要求，是我们建设中国特色社会主义的一个重要目标。依法治国，最重要的是依宪治国。这就要树立宪法的最高权威。这不但要加强教育，更重要的是要采取一系列有效措施，还要有必要的形式（有的国家在国家元首上任时,要手按宪法宣誓,就是树立宪法权威的一种形式)。依法治国,就要破除存在于各个方面的人治现象(如邓小平所说的"个人领导"现象)。这是政治体制改革的重要内容。

(二)三者有机统一

2002年11月,党的十六大报告提出:"发展社会主义民主政治,最根本的是要把坚持党的领导、人民当家作主和依法治国有机统一起来。"这可以说是我国政治体制的总框架,也是推进政治体制改革的大思路。这里,关键是两条,一是对三者的关系要作全面理解。三者有机统一,统一在哪里?应当统一于人民当家作主。无论从我们国家的性质来说,还是从我们党的理念来说,都是这样。从我们国家的性质来说,《中华人民共和国宪法》规定:"中华人民共和国的一切权力属于人民。"这也是我们党从事革命的初衷。从我们党的理念来说,"党的工作的核心,是支持和领导人民当家作主。整个国家是这样,各级党的组织也是这样"。在这三者中,党的领导是人民当家作主和依法治国的根本保证,人民当家作主的实现状况,也是检验党的领导的主要标准。二是要对三者的关系作具体的规定。在这方面,没有现成的办法和经验。邓小平提出,"党的组织不是政府,不是国家权力机关,要认真考虑党在整个国家社会生活中的地位,党的机关、国家机关怎么改革这些问题","要进行试验,取得经验"。① 处理这三者关系,要依据邓小平阐述的马克思主义关于党和国家的学说,结合我国的实际,积极进行试验。

---

① 《邓小平年谱》(1975—1997)(上),北京:中央文献出版社,2004:685

（三）三权相互制约协调

2007年10月，党的十七大报告提出，要建立健全决策权、执行权、监督权既相互制约又相互协调的权力结构和运行机制。这是破解邓小平讲的权力过分集中弊端的有效方法，也是政治体制改革的关键一招。怎样解决权力过分集中的问题，就是分解权力；怎样才能有效制约权力，就是用相应的权力制约权力。将权力分解为决策权、执行权、监督权三权，既体现了人类政治文明成果，又符合中国的实际。如何实施，同样要积极进行试验。

（四）保障人民四权

党的十七大报告又提出，为了扩大人民民主，保证人民当家作主，要"保障人民的知情权、参与权、表达权、监督权"。《中华人民共和国宪法》关于公民的权利和义务，有详尽的规定。十七大又提出人民的知情权、参与权、表达权、监督权，这是对人民权利的新概括，同宪法的规定是一致的。落实这四权，扩大人民民主，是政治体制改革的基本要求之一，也符合广大人民的意愿。落实这四权，要有相应的具体规定，使之可操作。

以上四条（以及中央有关政治体改革的其他思路和举措），归结起来是两个方面，一方面是限制和监督权力，另一方面是扩大人民的民主权利。以上这些良方的落实，就意味着我们的政治体制发生了深刻的变化。

现在，人们讲改革的顶层设计，以上这些可以说就是政治体制改革的顶层设计，是十分可贵的成果。但以上这些还只是理念、总要求、原则，还需要完善细化，形成全面的可操作的方案，并且要有路线图，要有时间表。

马克思有句名言：一步实际运动，胜过一打纲领。现在一切决定于实践。

"渐进式改革"中要有突进

中国的改革已经持续进行了 30 多年。人们将我国的改革称为"渐进式改革"，并已成为共识。"渐进式改革"是中国改革的基本方略，也是中国改革的一大特点。30 多年改革实践证明，我国的"渐进式改革"是很成功的。

但是，不能以形而上学的眼光看"渐进式改革"。从总体上说，我国的改革是渐进，从具体推进来说，渐进中有突进。从计划经济体制到社会主义市场经济体制的改革，既是渐进的，又有突进。

1982 年党的十二大提出"计划经济为主、市场调节为辅"。1984 年 10 月，党的十二届三中全会作出的经济体制改革决定提出，社会主义经济应是"在公有制基础上的有计划的商品经济"。这个文件强调："商品经济的充分发展，是社会经济发展的不可逾越的阶段"。这个文件实际上已将社会主义经济定性为"商品经济"，这就意味着将要放弃长期使用的"社会主义经济是计划经济"的提法。这是一个重大的改变，也可以说是一个突进。此后，关于计划与市场的关系问题，经济学家和领导干部继续进行探讨，有争论，有交锋。有人强调"公有制"，有人强调"有计划"，更多的人强调"商品经济"。1987 年党的十三大提出"国家调节市场，市场引导企业"，并提出加快建立和培育社会主义市场体系的任务。这表明,在实践上推进了市场经济的改革,但思想认识仍然很不统一。

1992年初,邓小平发表南方谈话。他说:"计划多一点还是市场多一点,不是社会主义与资本主义的本质区别。计划经济不等于社会主义,资本主义也有计划;市场经济不等于资本主义,社会主义也有市场。计划和市场都是经济手段。"[①] 邓小平破除了长期以来认为市场经济就是资本主义、社会主义不能搞市场经济的传统观念。这是思想理论上的大突破。1992年10月,党的十四大决定以建立社会主义市场经济体制为改革的目标模式。这是改革在思想认识和理论上的大突破。十四大以后,以建立市场经济体制为目标,改革进一步推进。

事物的发展,总是从量变到质变,经过相当长时间量的变化和积累,才引起质的变化,由部分质变到总的质变。我们的改革,渐进中有突进,渐进与突进相交替,一步步推进,体现了事物发展的辩证法。

经济体制的改革,是质的改变;在政治体制方面,也要实现某些质的改变。比如,党和国家领导制度中的种种弊端,多少都带有封建主义色彩。革除封建主义残余,革除家长制,以民主取代过分集中的权力,这些都是政治领域的质的更新。质的更新,必须通过改革的突进才能实现。没有突进,量不转化为质,就不可能达到改革的目的和目标要求。没有突进,渐进式改革的成果也难以巩固,甚至会出现改革的反复。我们要掌握渐进与突进的改革辩证法。在改革的历史进程中,渐进与突进应适时交替进行,不能盲目搞突进,但又要在适当时机突进,

---

[①] 《邓小平文选》(第2卷),北京:人民出版社,1994,373

否则会失去改革的良好机遇。

突进不是提倡莽撞，不是提倡急急忙忙，冒失行事。但要看到，我国的改革已经进行了 30 多年，有些方面的改革，包括政治体制方面的改革，量的积累已经到一定临界点。无论从群众的情绪看，还是从实践状况看，突进的要求日益明显，日益迫切。

法的人本主义

李步云

李步云

中国社会科学院荣誉学部委员,博士生导师,广州大学人权研究中心主任。曾任《法学研究》杂志主编,现兼任最高人民检察院专家咨询委员会委员,中宣部、司法部"国家中高级干部学法讲师团"讲师,国家行政学院等十余所大学的教授。

马克思主义哲学应当由辩证唯物论、唯物辩证法、唯物历史观和人本价值观四个主要部分构成。"以人为本"属价值观范畴，就像对立统一规律是辩证法的根本规律一样，以人为本是马克思主义价值观的根本原理与原则。

西方历史上有人本主义、人文主义。早在古希腊，普罗泰戈拉就提出了"人是世间万物的尺度"。[1]西欧人文主义者倡导人性高于神性，人道高于神道，人权高于神权，民权高于君权，是他们为人类文明做出的最大贡献。中国历史上也有人本主义、民本主义。如"民可近，不可下；民惟邦本，本固邦宁"。[2]"民为贵，社稷次之，君为轻。"[3]"君者舟也，庶人者水也，水则载舟，水则覆舟。"[4]当时它们都具有进步意义。今天我们讲以

---

[1] 周辅成主编：《西方伦理学名著选辑》（上卷），商务印书馆1996年版，第27页。

[2] 《尚书·五子之歌》

[3] 《孟子·尽心下》

[4] 《荀子·王制》

人为本，是人类历史上人本主义的继承与发展，是当代人类文明发展中有关这一命题各种进步理念的高度概括和理论升华，因而具有更为丰富、深刻、文明的科学内涵与时代精神。

我们今天讲以人为本，也是对马克思主义的继承与发展。马克思、恩格斯曾明确提出，他们理论的"出发点是从事实际活动的人"。①"人是人的最高本质"，"人的根本就是人本身"②；"人就是人的世界，就是国家、社会。"③无产阶级不但要解放自己，还要解放全人类。由于过去经济体制僵化政治体制权力过分集中，以及以阶级斗争为纲的思想与政治路线，我们曾在一个很长时期里偏离了原来的理想。

和谐社会与法治国家相互依存与促进，是理想社会的两个基本特征。两者的构建都应当以"以人为本"作为核心的价值观。因为人类社会的一切主义、政策、法律、制度等等，都应当从人出发，都是为人而存在的，都是为人服务的。

现代以人为本丰富而深刻的科学内涵，具体表现为以下十点。从这些科学内涵可以清楚看出，始终坚持与切实实现"以人为本"的原理和原则，是现代人权保障和法律制度的根基，是实现社会公平正义、建设社会主义法治国家最根本的保证。依据"以人为本"的科学内涵指导社会主义法治建设可以将其概括为"法的人本主义"或"人本法律观"。

第一，人的价值高于一切。世界上最宝贵的事物就是人自己。世界上万事万物都不能和人自身的价值相比。英国著名思

---

① 《马克思恩格斯选集》第1卷，人民出版社1995年版，第73页。
② 同上，第9页
③ 同上，第1页

想家莫尔说过："世界上没有一样值钱的东西像我们的性命那样宝贵。"①胡锦涛总书记也强调："人的生命是最宝贵的。我国是社会主义国家，我们的发展不能以牺牲精神文明为代价，不能以牺牲生态环境为代价，更不能以牺牲人的生命为代价。"②以人为本同"以物为本"相对立。我们现在说，保险重保命，救灾先救人；处理劫机事件，乘客安全要紧；发展经济科技，生产安全第一。这些都是很有现实意义的。在我国汶川大地震的抢险救灾中，对人的生命的高度关爱，就深深地感动了全中国乃至全世界的广大人民群众。随着经济的迅猛发展，我国近些年来矿难严重，事故不断发生，已经引起各级领导和广大群众的高度关注，已到不能再容忍和非扼制不可的地步，并正在采取各种有力措施予以解决。又比如死刑，就和如何看待人的价值有关。在中国，大量减少死刑是学术界的共识。毛主席也一贯主张要"慎杀"，"少杀"。他曾说，韭菜割了长得出来，脑袋掉了就长不出来了。近年来，死刑核准权收归最高人民法院管辖，死刑案件二审必须开庭，是符合这一进步思想潮流的。还有，最近提出的"宽严相济"的刑事政策，也同以人为本有关。总不能不分对象、时间、地点、条件，都一概强调"严打"。这不仅是不科学的，也是对人的生命、自由的不尊重。

第二，人是目的，不是手段。国际上，康德提出的这个命题和观念，影响十分广泛和深远。他说："人，总之一切理性动物，是作为目的的本身而存在的，并不是仅仅作为手段给某个

---

① ［英］托马斯·莫尔：《乌托邦》，戴镏龄译，商务印书馆1982年版。

② 《胡锦涛在中共中央政治局第三十次集体学习时的讲话》，载《人民日报》，2006年3月29日。

意志任意使用的。"①实际上这也是马克思主义的一个重要观点。"不是国家制度制造人民，而是人民制造国家制度"，"在民主制中，不是人为法律而存在，而是法律为人而存在。"② 社会上的一切制度、政策、法律的制定和实施，都是为了人的需要，都不过是手段，人才是目的。我们不能把它们倒过来。比如说，我们搞群众运动是合理的，但不能搞运动群众！这种情况过去是存在的，像"文革"期间的做法，就是把人当作一种手段来使用。又比如说，我们要讲意识形态，但不能什么都意识形态化，不讲实际效用。再比如，邓小平同志提出的社会主义本质的三个内容，从终极的意义上看，发展生产力和以公有制为主体，都只是手段，实现共同富裕才是目的。现在有些地方搞"政绩"工程，不能笼统地说不对，但有些人为了搞自己的"政绩""面子"，连他人的生命、财产和安全都可以不顾了，这是十分错误的。

第三，人是发展的中心主体。这是最近一二十年以来国际上非常流行的一个观点，特别是在年联合国通过的《发展权利宣言》和其他一系列国际人权文书中都有明确表述。这种发展，是经济、政治、文化的全面发展，而人必须是发展的享有者，也必须是发展的参与者。《发展权利宣言》第1条指出，"发展权利是一项不可剥夺的人权，由于这种权利，每个人和所有各国人民均有权参与促进并享受经济、社会、文化和政治发展，在这种发展中，所有人权和基本自由都能获得充分实现。"第2

---

① 北京大学哲学系外国哲学史教研室编译：《西方哲学原著选读》（下卷），商务印书馆1982年版，第317页。

② 武步云：《马克思主义法哲学引论》，陕西人民出版社1992年版，序言第3页。

条规定:"人是发展的主体,因此,人应成为发展权利的积极参与者和受益者。"在我国,以人为本是科学发展观的重要内容,是它的本质和核心。党的十六届六中全会又将其概括为"发展为了人民、发展依靠人民,发展成果由人民共享,促进人的全面发展"。应当牢固树立人在发展中的主体地位,不能只见物不见人,不能为发展而发展。发展是手段,满足人的需要,实现人的幸福才是目的。必须大力加强发展过程由人民共同参与的体制、必须大力加强发展成果由人民共同享有的体制,切实解决贫富差距过大问题。对此,中国的执政党已经予以高度重视。党的"十七大"报告提出,必须把解决好"三农"问题"始终作为全党工作的重中之重"。农业、农村问题归根到底是个农民问题;"三农"问题的核心实际上是九亿多农民如何平等参与国家的发展和平等享受国家发展成果的问题。

第四,促进人的全面发展。经济社会发展的最高目的是人的全面发展,这是马克思主义的一贯立场。马克思早在《资本论》中就已指出,人类社会发展的最高阶段就是"以每一个个人的全面而自由的发展为基本原则的社会形式"。[1] 中国执政党从"十六大"以来在提出与阐释"以人为本"这一核心价值观时,也一再强调要促进人的全面发展。[2] 人的德智体美技,即品德高尚、知识丰富、体魄健全、追求美好和技能优良,既是历史发展与文明进步的力量源泉,又是人类生活幸福、美满的主要追求。经济社会发展的核心是人的全面发展,离开了人的发

---

[1] 《资本论》第1卷,人民出版社2004年版,第683页。
[2] 江泽民同志指出,"我们要在发展社会主义物质文明和精神文明的基础上,不断推进人的全面发展"。参见《在庆祝中国共产党成立八十周年大会上的讲话》,载《江泽民文选》第3卷,人民出版社2006年版。

展就谈不上社会的发展。应当克服那些重经济发展轻人自身发展的片面认识。在坚持以经济建设为中心的同时，应将促进人的全面发展提高到发展的战略高度；在保证经济增长速度和国家综合实力提高的同时，应当认真贯彻落实执政党十六届三中全会提出的"构建现代国民教育体系和终身教育体系，建设学习型社会"的任务；应当逐步加大教育、文化、卫生、体育等事业的投入，并将各项政策惠及社会的每一个成员。

第五，崇尚和彰显人性。为什么古往今来人人都追求建立理想的法治国家与和谐社会？其理论根据之一就是源自人性。有人说"人权不是抽象的，是具体的。"也有人说，"民主不是抽象的，是具体的。"还有人说，"只有具体的人性，没有抽象的人性。"这些观点都是不正确的。世界上的万事万物都是抽象和具体、一般和个别、共性和个性的辩证统一。不承认有一般的"人"，不承认有抽象的人性，人将不成其为人，也就不会有"人类"这一崇高的称谓。正是基于十年"文革"的教训年宪法在我国制宪史上第一次明确规定："中华人民共和国的人格尊严不受侵犯。"自从执政党提出"以人为本"的理念以来，在中国的立法、执法与司法中，人的人性、人格、人道和人的尊严，越来越受到尊重。现在我们翻开报纸，几乎每天都能看到，各个地方和部门都在搞人性化管理。毛主席说，罪犯也是人，要把犯人当人看待。"文革"期间刘建章在秦城监狱被关押时，一天只许喝三杯水，他的夫人向周总理写信，毛主席批示说："这种法西斯式的审查方式是谁人规定的"。我国是《禁止酷刑和其它残忍、不人道或有辱人格的待遇或处罚公约》的缔约国，但有些地方刑讯逼供屡禁不止，非法证据排除规则的立法困难重重，这种现象的存在虽然原因很多，但同我们有些国家机关工作人员观念落后肯定是分不开的。我国监狱管理部门近年来制定和推行的一系列人性化管理措施，将标志着我国的狱政建设文明水准提高到一个新的水平。

第六，坚持人的独立自主。自由是人的一种本性，也是人的一种本质。人的思想自由和行为自由是人区别于动物的基本特征，也是人能动地认识和创造世界的力量源泉。马克思主义实际上是很重视自由的。西方有个记者曾问恩格斯，你能不能用一句话概括什么是社会主义，恩格斯说，我愿意用《共产党宣言》里的一句话来表达：我们理想的那个社会是一个"个人的自由是社会上一切人自由的条件"的联合体。笔者认为，党的十一届三中全会以来我们所有的改革开放政策，可以用两个字概括："松绑"，即扩大地方、企事业单位和个人的自由度，以调动方方面面的积极性、主动性和创造性，为社会创造更多的物质财富和精神财富。实行市场经济与对外开放 30 年来，我们在经济领域所创造的世界奇迹，[①]主要应归功于"自由"。人们企盼我国的政治文化取得更快更多的进步，也主要寄希望于扩大自由度，更好地营造一个既有民主又有集中，既有自由又有纪律的生动活泼的政治局面。

第七，尊重人的首创精神。人是有理性的动物，能够能动地认识世界和改造世界，这是人类同其它动物的根本区别所在。"人的类特性恰恰就是自由的自觉的活动。""有意识的生命活动把人同动物的生命活动区别开来，正是由于这一点，人才是类

---

① 中国改革开放 30 年（1978—2008）国内生产总值平均增长率为 9.8%，城乡人均收入分别比 1978 年增长 40 倍和 30 倍。国内生产总值占全球的比重由原来的 1% 上升到 5% 以上，对外贸易总额占全球比重由不足 1% 上升到 8%。

存在物。"①人类史同自然史的区别在于，它是人自己创造的。②而人民群众是社会实践的主体，因而也是人类历史与文明的创造者。我们并不否认不同时期不同国度英雄人物与社会精英的作用，但广大人民群众的积极性、主动性、创造性，是推动社会发展的决定性力量。我们应当坚持历史唯物主义的基本立场，在一切社会实践活动中尊重人的首创精神。自新中国建立，特别是进入改革开放新时代以来，从农村的改革到经济特区的设置，在经济、政治、文化、社会各个领域都出现无数第一个敢吃螃蟹的人，人民的首创精神，显示出了巨大的活力和作用。各个领域的管理者，切不可认为自己什么都比被管理者聪明，一切自以为是。必须善于发现与集中民智。真理面前人人平等。任何领导者切不可把自己说的每句话都当成金科玉律，不允许他人有任何质疑与商榷。

第八，权利优位于义务。在过去一个很长时间里，我们不少人受封建主义历史传统观念的影响把法律仅仅看成是一种工具。当官的是管老百姓的，用的手段是法律，法律是用来管老百姓的，老百姓只有遵守法律的义务，权利观念长期以来都非常淡薄。但是在市场经济条件下，我们必然也必须提倡权利优位于义务。计划经济是一种"权力"经济，而市场经济则是一种"权利"经济。况且，人活在这个世界上，理应享受自己的各种权利。人类社会里的各种主义、政策、法律和制度以及一切其它设施，归根到底，都是为了实现和满足人的需要与幸福。

---

① 《马克思恩格斯全集》第42卷，人民出版社1982年版，第96页。

② 《资本论》第1卷，人民出版社2004年版，第429页注释。

然而要享受权利就必须对社会对他人尽相应的义务，否则大家的权利都会享受不到。但义务是伴随权利而来的，是第二位的东西。也正是在这个意义上，人们才常说，"法学就是权利之学"。正确认识和处理这个问题，在我们的立法和司法里都是很有现实意义的。

第九，权利优位于权力。我们的法理学过去受西方一位学者的影响，把所有的法律都归结于"权利和义务"这对基本范畴，把权力看作是权利的一部分。实际上，在私法领域，法律主要是调整自然人和法人之间的权利与义务的关系；在公法领域，主要是规范国家机构及其工作人员的职权和职责。

我们的法理学从来没有这样一章，专门研究国家的职权和职责这对基本范畴。很多国家工作人员对权力与权利的区别也不甚了解，甚至有些重要文件还多次出现过概念混淆。因此很有必要对此予以深入研究和广为宣传。笔者认为，国家权力和公民权利有以下八点区别：（1）国家的职权与职责相对应在法律上两者是统一的；公民的权利与义务相对应，两者是分离的。（2）国家权力不能转让或放弃否则就是违法或失职；公民的权利则可转让或放弃。（3）国家权力伴随着强制力，有关个人或组织必须服从；公民的权利在法律关系中则彼此处于平等的地位。（4）国家权力的本质属于社会"权威"这一范畴，不能将其归结为是一种利益；公民权利的本质则是利益。（5）职权与职责，职责是本位的法律赋予某一国家工作人员以权力，首先意味着这是一种责任；公民的权利与义务，则应以权利为本位。（6）对国家，法不授权不得为；对公民，法不禁止即自由。（7）是公民的权利产生国家的权力而不是国家的权力产生公民的权利。（8）国家权力是手段，公民权利是目的，国家权力是为实现公民权利服务的。清楚了解与深刻认识以上八点区别，对于正确树立公民权利观特别是国家权力观，正确树立"执政为民"和"执法为民"的理念和原则，是至关重要的。

第十，尊重和保障人权。尊重人、维护人的尊严，首先要尊重人的利益。马克思曾说，人们通过斗争所要争取的一切都和利益有关。党的十六届六中全会决议把必须坚持以人为本作为构建和谐社会六条原则的第一条，提出要"始终把最广大人民的根本利益作为党和国家一切工作的出发点和落脚点，实现好，维护好，发展好最广大人民的根本利益。"以人为本而不尊重、维护与实现人的利益那就是一句空话。当然，这个利益是广义的，不仅包括经济、文化和社会的各种利益，还包括人的人身、人格利益和各种思想与行为自由。在现代的民主法治社会里，人们的各种利益需求，就集中表现为人权。而且，人依据其人性和人的人格、尊严和价值所应当享有的权利，必须用法律明确、具体、详细地加以规定，使之成为法律上的权利，这种应有权利才能得到最有效的保障。前面列举的以人为本的九个方面的观念、原则与政策，最终都应当通过人权保障制度的完善得到体现与落实。而以人为本理念与原则的提出与实施，将成为我国人权保障制度坚实的理论基础与推动力量。1993年，笔者在江泽民同志提议撰写的、由刘国光、汝信教授主编的《中国特色社会主义经济、政治、文化》这本书里曾写道："社会主义者应当是最进步的人道主义者，社会主义者也应当是最彻底的人权主义者"。最近基于笔者对以人为本的理解，还应在这两句话的后面加一句："社会主义者还应当是最坚定的人本主义者。"

从"以人为本"的以上十条科学内涵可以清楚看出，它应成为现代法律的最根本的价值准则。早在 1995 年,笔者在《现代法的精神论纲》一文中就已提出"现代法的人本主义"概念,指出"一切从人出发,把人作为一切观念、行为和制度的主体,尊重人的价值与尊严,实现人的解放和全面发展,保障所有人的平等、自由与人权,提高所有人的物质生活与精神生活水准,已经或正在成为现代法律的终极关怀,成为现代法制文明的主要标志,成为现代法律创制与实施的重要特征,成为推动法制改革的巨大动力。"笔者在该文中也强调,"法的人本精神是法的最高层次的精神。"① 自 2003 年党中央正式提出"以人为本"的科学概念以来,"以人为本"的理念在社会生活和法治建设中所起的巨大指导作用都可以并已经证明,笔者的上述判断是正确的。

---

① 李步云:《论法治》,社会科学文献出版 2008 年版,第 216、218 页;又可参见李步云:《宪政与中国》(英文版),法律出版社 2006 年版,第 196 页。

中国法治发展：虽有缺憾但奋力向前

郭道晖

郭道晖

著名法学家，法治思想家，中国法学会法理学研究会顾问，尊称"法治三老"之一，曾任清华大学党委常委兼宣传部长、哲学讲师、全国人大常委会法制工作委员会研究室副主任、中国法学会研究部主任、《中国法学》杂志社总编辑等。

今年是1982年宪法制定的30周年，我也有幸参与"八二宪法"的制定。中华人民共和国成立以来，总共制定了四部宪法，"五四宪法"是第一部，还有"七五宪法"、"七八宪法"，最后是八二宪法。这四部宪法里面，"八二宪法"主要继承了"五四宪法"，是最好的一部，但是问题也不少。

"八二宪法"突出基本权利

首先看看"八二宪法"好的方面，进步的方面。

"八二宪法"是在什么样的社会背景、历史背景之下产生的呢？"八二宪法"是在1982年制定，1978年开了十一届三中全会，扭转党的指导思想，"以阶级斗争为纲"转为"以经济建设为中心"。同时，也提到了党中央又通过了《建国以来若干历史问题决议》,彻底否定了文化大革命。而且在知识界、理论界开展了思想解放运动,讨论"实践是检验真理的唯一标准"等。

"八二宪法"有什么样的优点值得我们重视,值得我们坚决贯彻落实?我主要归结三大方面:

第一,突出了公民的基本权利,这是非常重要的理念,大家注意到从"五四宪法"开始,"公民的基本权利和义务"这一章都是放在第三章,也就是放在"总纲"和"国家机构"这两章的后面。"八二宪法"特别把"公民的基本权利与义务"这一章摆在国家机构这一章的前面,这是很有深意的。我记得当时的讨论,彭真强调为什么要把这个公民的权利和义务摆在国家机构的前面,表示公民权利是至上的,人权是至上的,公民权、人权我认为是宪法的最高原则。国家权力从哪来?国家权力是由公民赋予的。最近领导人也有讲,"权为民所赋"。

"八二宪法"所规定的公民权利义务有多少?有几条义务,我笼统讲一下。"八二宪法"的"公民的基本权利与义务"这一章比"五四宪法"多了5条,比"七五宪法"多了20条。而且"八二宪法"第37条、第38条、第39条、第41条,这几条都是公民的人身自由,公民的住宅不受侵犯,特别是人格尊严不受侵犯。这个我特别有印象,主持修改宪法的彭真委员长就说了,人格和尊严很重要,因为他自己在"文革"里面受到人格的侮辱。所谓"走资派",打翻在地再踏上一只脚,有一些干部受不了就自杀了。士可杀不可辱,所以人格尊严是很重要的,这一条"五四宪法"没有。另外一条,还特别在第41条里规定了公民对任何国家机关和国家公职人员都有提出批评、建议、申诉、控告、检举的权利,这都是过去宪法里面没有的。

在"八二宪法"制定之前,也就是1979年还通过了刑法和刑事诉讼法，这也是彭真出来以后具体做的事情之一。文化大革命后，彭真担任法治委员会主任，狠抓法治。1979年4月在五届人大二次会议上一口气通过7个基本法律———《刑法》、《刑事诉讼法》、《民事诉讼法》，《外资法》等，这是空前的，恐怕也是绝后的。

他推动几个法律的制定、修改。很大一部分就是针对文化大革命。比如说1979年制定通过的《刑法》里面，他专门设了一章，侵犯人身权利和民主权利有罪。侵犯人身权利过去有，抓人、刑讯逼供等等。但是侵犯民主权利成为一个罪，只有在"七九宪法"改了一次。为什么侵犯民主权利成为罪？就是吸取了文化大革命的教训。文化大革命无法无天，表面上说大民主，实际上是大搞专政。所以侵犯民主权利成为一个罪，可以判刑的。但是"八二宪法"通过以来，我没有看过侵犯民主判的罪。当年彭真的设想落空了，没有得到落实。

领导党、执政党是两个概念

第二，我认为"八二宪法"有一个亮点，就是摆正了执政党在宪制里面的地位。

什么是领导？什么叫领导权、领导党、执政党？领导党和执政党是两个概念，是领导，但是不一定执政。革命时期，共产党是领导党，路线正确，但并不是执政党，在全国来讲并不是执政党。现在中国共产党也是全国的领导党，但是在台湾地区不是执政党。

"八二宪法"只是在序言里面提到了共产党的领导，为什么放在序言，这是"八二宪法"很重要的改进。我认为四项基本原则是非常重要，它约束谁呢？不是约束老百姓，是约束共产党，特别是约束共产党的领导，为什么？邓小平有一句话：谁能够犯最大的错误？就是共产党，因为掌握了国家的最大权力。四项基本原则都是行使国家的权力，人人都能遵守四项基本原则，就违反宪法了。比如说宗教徒有神论者，他们有神论者要遵守无神论者的思想，那行吗？就否认了他的信仰自由，宗教自由，就违反了宪法规定，公民有信仰宗教的权利。还有对某些地方，比如说香港，澳门实行一国两制，不实行社会主义，是实行资本主义，那就违反四项基本原则了吗？所以四项基本原则并不是直接对所有的公民、所有的地方实行的原则，当然也不要去反对、破坏它。

有人老是说四项基本原则是宪法的基本原则，我不同意这个观点，宪法的基本原则就是人权，就是那一条，国家尊重保证人权，也就是公民的权利，这是最高的原则。四项基本原则，在序言里面没有规范性，没有强制性。而且我感觉主要是约束执政党，特别是共产党的领导干部。

刚才讲到领导党和执政党，领导党是经验表述。执政党必须经过一定的法律程序，经过全民的选举，或者间接直接的选举。比如说人大，共产党、中央推荐一些党的领导干部，然后就当国家主席、总理，必须经过人大选举以后你才能当总理，或者国家主席，或者当军事委员主席，才能行使国家权力，执政党要得到人民的选举，要按照这个宪法法律程序的，而且有人认为领导就是管辖、支配、限制，不是的，按十三大的决议写得清楚，共产党的领导就是政治领导，提供政策，方针政策、思想政策，而不是直接去干预，直接支配。温家宝要党政分开，邓小平上世纪80年代初写了一篇文章，论及改革党的领导制度，都是写党政分开。

后来在党的十六届四中全会上，关于提高党的执政能力的决定里面有一个话，说党的执政地位不是与生俱来的，也不是一劳永逸的，也就是说不是天然的。我附带说一下。这个话跟我在十多年前写的一篇文章里的一句话几乎是一样的。

第三，"八二宪法"体现了以现代化建设为中心的战略规划，否定了无产阶级专政下的继续革命，提出了要进行改革开放，而且恢复了检察院，"文革"以前检察院都取消了，合并到公安部门了。另外，加强了人大常委会的职权，过去全国人大常委会只能制定法令，不能制定法律，现在可以制定法律，基本法律是全国人民代表大会制定，一般的法律就是人大常委会制定。另外，县以上设立人大常委会，这也是人大的工作。最后是一些很重要的改革。

"八二宪法"制定之后进行过四次修改，值得提出来的是三大点：第一确认中国实行社会主义市场经济。第二确认依法治国，建设社会主义法治国家，第三确认国家尊重和保证公民人权，这三条修改补充使"八二宪法"更加反映人民的要求，更加符合现代的民主国家的要求。

"八二宪法"尚存缺陷

但是也应该看到，"八二宪法"并不是很完善。法学界有一句话：有宪法不一定有宪政，什么是宪政？宪法就是以实行民主政治和法制为原则，以保障人权和人民的权利和公民的权利为目的。然后是创制宪法，就是立宪的过程，也是实施宪法，是行宪的过程，还有遵守宪法，守宪的过程，还有维护宪法，有一个护宪的过程，最后是发展宪法，修宪的过程，必须是以民主法制为原则，以保证公民权利为目的，立宪、行宪、守宪、护宪、修宪全过程做到是宪政。宪政核心是保障人员要通过权力制约，权力的相互制衡。

我们过去有宪法，没有宪政，"八二宪法"还有很重要的缺陷。首先没有明确司法独立，"八二宪法"表述为"法院判决，法院独立行使职权，不受政府机关、社会团体和个人的干涉"，不是概括性地说只服从法律，而是列举性的。但是这个针对有很大的缺陷，放在今天来看就不够了。现在社会舆论、网站，实际上形成很大的压力来纠正司法的腐败和司法的不公。原则上不允许社会团体或者公民个人干预，否定了公民的监督权、参与权、表达权等四个权，我觉得这条要修改。

第二，就公民权利来讲也还有很多的不足。比如说没有规定思想自由，居住与迁徙自由。另外关于人身自由的权利，关于财产权也不完备。"八二宪法"有一条，就有那么几个字，说"城市土地属于国家所有"。现在这个问题就大了，为什么？城市拆迁，我祖上买的房子，留下来的房子，不但有房契，还有地契，土地我是花钱买的，是我私有的，现在"八二宪法"十几个字就把它没收了，这是一个很大的问题，现在后患无穷。

随着时代、国家、经济、政治的发展，产生一些新生的权利，"八二宪法"也没有确认，比如说生命权、生存权、自决权、和平权、环境权、安宁权、知情权、隐私权等等都没有明确纳入宪法。刚才我强调公民权利得到重视，但是回过头来看跟现在对比有很大的不足。特别有一条，我们的宪法不是可诉讼的宪法，不能把宪法的条文直接适用于司法审判。在德国有这样的情况，在中国没有的。

现在宪法有很多条例很漂亮，但是没有法律来保障，没有立法保障，所以这样的公民权利，有人说是乌托邦的条款，是无法实现的。中国应该建构宪政立法体系，也就是说要保障公民的权利落实到立法，然后得到立法的保障，得到司法公正的审判。我们这些公民的自由和权利没有立法，那得到不到法律的保障，那么这样的法律体系，能叫社会主义法律体系吗？体系不是靠量的堆积，而是看结构完善以及结构的质量。

上世纪80年代初期改革的动力是来自哪几个方面：有四个方面：一个是"走资派"，当年受到文化大革命的打击、压迫，对民主法治有天生要求的一些老干部，比如说彭真。第二个，长期受思想霸权所控制的知识精英，他们希望解放思想，讨论真理的标准，这是一个很大的动力。第三个方面，就是被"一大二公"所束缚的农民，比如说安徽小岗村18户农民偷偷按手印要求"包产到户"。所以农民是改革开放的伟大动力。第四，法学界、理论界、法学界展开一系列关于民主、法制、政策、法律、党和法的关系讨论，纠正一些错误的观念，提出依法治国、建立法治国家原则起到作用。四方面的活力促使80年代初期我们的民主法治得到发展，"八二宪法"能够制定。

中国法治面临的困境与突破
——对中国法制建设几个问题的思考

江 平

江 平

著名法学家,中国政法大学终身教授,民商法专业博士生导师,国务院批准的有突出贡献、享受政府津贴的专家。曾当选第七届全国人民代表大会代表,七届全国人大常委会委员、法律委员会副主任;曾担任中国政法大学校长、中国法学会副会长等职;曾赴比利时根特大学、香港大学、意大利第二罗马大学、日本青山学院、美国哥伦比亚大学讲授中国民法、罗马法、公司法等课程,并获比利时根特大学名誉法学博士,秘鲁天主教大学名誉法学教授等殊荣。现仍然担任着最高人民法院特邀咨询员、国际仲裁委员会仲裁员、北京仲裁委员会名誉主任、中国法学会比较法研究会会长等职务。

市场自由、市场秩序和法制建设的缺位

在我看来，自由和秩序是中国法制建设的一个永恒主题。为什么这么说呢？因为我们知道，无论对于一个社会，或者是对于一个市场来说，法制建设的目标就是要解决自由和秩序的问题。

自由是一个社会发展的动力，同样如果我们的市场经济没有自由的话，就失去前进的动力。记得我第一次到德国去，了解到德国有一个《反卡特尔法》（《反垄断法》），当时觉得很奇怪，因为马列主义教给我一个很重要的理论，帝国主义是垄断的资本主义。那么帝国主义怎么不保护垄断，还要反垄断呢？我就问德国同行，他们说，道理很简单，西方的市场经济，核心的动力就是自由竞争，如果没有竞争，就没有前进的动力，所以无论是国家垄断也好，私人垄断也好，只要违背自由竞争

的原则，一律都要反对。我们提倡的最重要的规律，就是竞争自由，这是最根本的原则。

秩序则是一个关乎安全的问题。我们生活的社会，如果人身没有安全保障，市场没有安全保障，那就意味着脱离了法制建设的根本目标。因此我觉得，市场经济的法制建设就是两个保障，一个是保障自由，一个是保障秩序。这应该是很重要的两个准则。

从我国的状况来看，应该说我们在市场自由和市场秩序建设方面，均存在欠缺。这和西方国家不太一样。西方国家的市场经济建基于亚当·斯密的自由经济学，经历了成熟的自由竞争的历程，所以当后来经济危机来临的时候，人们发现自由过度了，于是出现了凯恩斯主义，出现了国家调控市场的手段。但是中国的市场经济是从计划经济转过来的，原是自由缺乏，也可以说，我们的市场一开始就面临着双重缺乏：第一种缺乏就是，没有西方那种发达的成熟的市场自由，或者说我们更多体现的是一种原始积累中的暴发户式的自由；另外一种缺乏就是，我们的市场并不是全面开放的，很多交易活动还处在国家严格控制下。在美国经济危机出现的时候，中国人有点沾沾自喜，认为我们之所以避免了金融危机，是因为幸亏我们没有搞金融衍生产品交易。其实，如果我们要是按照成熟的市场经济标准来衡量的话，我们还是一个很不发达的市场经济，如期货、期权，及我们刚刚起步的股指期货，都是在国家严格控制下的市场交易。所以有人说中国的市场经济，大概也只是一个电动自行车时代的市场经济，或者是刚刚发展为小汽车时代的市场经济，我们还没有进入比较发达的市场经济。从这个意义上来说，我们在保障市场自由方面存在很大的欠缺。

但是相比之下，我们在市场秩序建设方面欠缺更多。可以说，我们国家在相当一段长时间之内，注意到了市场自由方面的立法，但是某种程度上忽略了市场秩序方面的立法。我们现在包括合同法、公司法、票据法、海商法等在内的一些法律，在市场秩序方面的立法还比较欠缺。市场秩序的欠缺突出表现在信用欠缺方面。最近很多媒体刊登了中国18家在美国上市的公司被停牌或者摘牌的丑闻，① 表明我们的企业中存在的虚假现象和诚信问题，已经到了非常严重的地步。我记得当时谈到企业上市，都用包装这个词。所谓包装上市，就是把企业本来亏损的部分篡改成盈利，这明显是一种欺骗的行为。我们在美国上市的部分企业，更是下大力气在包装上市上，甚至连美国的会计公司都感觉很为难，如果不给中国公司包装上市，那就没有市场，如果要有自己的市场，就必须冒违反商业道德的风险。所以这是一个很严重的问题。可以说，做假账在中国的企业界是一个很普遍的现象。难怪朱镕基同志为国家会计学院题写的校训是"不做假账"，当时人们都觉得很惊讶。以此直截了当的白话"不做假账"作为国家会计学院的校训，恰恰说明我们在这个问题上存在非常严重的问题。

企业失信在其他方面也表现出来，如伪劣产品、欺诈行为横行，在中国市场上成为一个司空见惯的现象。中国的经济发展速度在世界上数一数二，但是中国的市场秩序的表现在世界很靠后。中国市场经济混乱的情况给中国丢了很大的脸，包括

---

① 2011年在美国上市的中国公司连续爆出财务丑闻，拖累中国概念股股价大跌。从2011年3月到5月两个多月间，已经有18家中国公司被纳斯达克或纽约证券交易所停牌，4家企业被勒令退市。

上文说到的 18 家上市公司在美国被停牌和摘牌，中国的商品在世界上的信誉蒙受损失。现在当然好一些了，但是这些问题依然很严重，函待解决。

在这个意义上说，我们的法制建设所要解决的目标，一个是给市场充分的自由，一个是给市场安稳的秩序。如果这两个目标没有做到，就表明我们的法制建设，离我们所要实现的目标还有很大的距离。

毋庸置疑，自由和秩序是一个矛盾的两面。如果我们过分强调自由，没有秩序，那就会缺乏安稳的保障；反过来如果我们过分强调了秩序，忽略了自由，也会形成一个有了秩序，但是没有自由，没有动力，没有活力的局面。在自由和秩序这一对矛盾里面，应该说自由主要是通过私法来保障的。

我们知道，法律上分成公法和私法两个方面，虽然现在有些人认为公法和私法界限已经相对弱化了，但是基本的划分仍然存在。私法讲的是私法自治，在私法领域，应该由当事人自己来作主，决定自己的权利如何行使。而市场秩序就涉及到公法的范畴了，公法的范畴就含有管理和强制的概念。举例来说，我们国家刚开始起草的《信托法》包含了私法的内容，也包含了公法的内容，也就是说《信托法》草稿不仅包括了信托各个方面的权利和义务，信托财产的地位，还要包括信托公司怎么成立，信托业怎么管理，信托的风险怎么回避等问题。可是后来我们在制订过程中发现，作为私法的《信托法》比较好写，但是涉及到信托业的管理的公法就比较复杂。所以当初帮助我们制定《信托法》的日本专家，主张应该将《信托法》中的私法和公法分开写。我们不得不接受日本专家的建议。最后，《信托法》起草的时候，由于信托的公法拿不出来，所以我们出台了纯私法性质的《信托法》。但是问题也出来了，不久前在一次信托业研讨会上，大家深深感到，信托产业光有私法还不行，虽然有国务院的一些命令、一些规定，但是没有公法，就没有办法保障信托业安全的实施。所以从这点来说，立法的时候很重要的是一个配套。我们立了《信托法》，但是我们没有《信托业法》，也没有《税法》。信托业怎么上税？没有规定，也没有规定国家设立信托公司的要求，信托公司设立有哪些条件？它的保证金在运转的过程中怎么能够保证安全？这些都没有。

应该说，一个国家从侧重市场自由到市场自由与秩序并重这个局面的形成，要经历三个阶段。最早的阶段主要是通过《民法》保障市场的自由，但是同时也捎带讲讲市场秩序的问题。随便举买卖关系为例。过去的时候也有欺诈，但是最早的时候，对待欺诈的办法是采取一个原则，就是让买者小心，谁买东西谁要小心，如果认为对方欺骗你，是因为你不了解买卖的规则。但是后来逐渐发现这个规则不对了，不能仅仅要求买者小心，还需要追究卖者的欺诈行为，所以规定了对于欺诈的一些措施。德国《民法典》里面有个帝王条款，比如诚信就是《合同法》里面的帝王条款，买卖双方订合同，首先要根据诚信原则，不诚信怎么行？这些应该基本上是在民事规范里面解决的。

第二个阶段，解决在《商法》里面出现的新问题。我们拿最典型的《证券法》为例，《证券法》是解决商事规则里面最重要的法律。但是我们把《证券法》写在商法里面，而台湾地区的法律，把它列在行政规范里面，这是一个公法范畴。因为在《证券法》里面，不仅要保证证券交易双方的自由，而且还要解决交易过程中的欺诈行为，防止交易过程中的欺诈。我们后来的商法里面，很多采用了这样的办法来解决。

最后一个阶段，应该说是经济法的体系出现了。以美国为例，美国 1890 年通过了《谢尔曼法》，该法就是以反垄断著称，本来两个企业合并是企业自己的事情，但是现在就不行了，如果两家很大的企业相互兼并，就会损害别人，因为侵吞了过多的市场份额，会把别人的市场挤掉。所以在这一点上，法律要做特殊的规定。这就是我们常常说的，作为经济法出现的《反垄断法》、《反不正当竞争法》、《反倾销法》，还包括《反欺诈》等等这样的法律。

虽然这三个阶段之间并不是截然不同的划分，但是我们可以看出它们之间有一些内在的联系，说明法律越来越重视对市场秩序的保护，从原来将对于秩序的保护作为《民法》里面一个小部分，到后来商法里面把秩序作为很重要的部分，乃至于到最后在经济法里面把秩序作为最核心的东西提出来，甚至国外把《反垄断法》看作经济领域中的宪法，就是这个道理。

警惕国家权力过度干预市场

国家权力干预市场，应该说在当今世界不是什么新鲜的问题，不论是社会主义国家，还是西方国家，都要采取国家权力来干预市场。我想这是我们现在对于市场所采取的一个很重要的方针。

建立社会主义市场经济，在当前来说是一个最大公约数，这是经济学界不论左派、右派，保守的、开放的，人人都可以接受的目标。但是具体怎么理解社会主义市场经济，就存在分歧。当年香港有一家大企业在大陆设立了一个奖，奖励老一代经济学人中对中国经济发展有突出贡献的人。最后评出四位，今天还健在的一位是刘国光，一位是吴敬琏。吴敬琏教授对我说，在人民大会堂颁发奖金的时候，两个人说话的着重点不一样。刘国光认为既然讲社会主义市场经济，特点就是国家调控，过去削弱了国家调控，是没有按照市场经济的正确方针办事。而吴敬琏的讲话恰好相反，着重点在市场经济，认为国家干预太多了。这两位学人的分歧非常有代表性，他俩的分歧也让我们思考，在解决国家和市场关系方面，国家究竟起多大的用？在多大范围里起到作用？这应该是需要讨论的非常要的问题。

市场自由，更多的是从市场准入、资源分配方面来考虑，那么，国家在这些方面不应该过多干预，国家不能过多介入到资源分配、市场准入。今年6月23日出版的《法制日报》刊载了一则消息，整个标题非常醒目，《浙江国有资本全面进军农贸市场》。我看了这个消息很吃惊，多年来已经很少看到这样的消息了。浙江的传统是私营经济比较发达，而现在浙江国有资本要全面进军农贸市场，其理由就是现在农贸市场太混乱，农贸市场里面私有企业占的比重太大，欺诈现象、虚假伪劣产品较多，甚至有毒的一些农产品都进入市场了，所以政府认为体制不顺，产权太复杂。但是在改革开放初期，我们恰恰强调应该在农产品市场、小商品市场给予私营企业更大的自由啊！怎么现在变成国有资本要全面掌握这个市场了呢？所以我很担心，我们现在是不是又出现了重新回到计划经济的苗头。如果再拿今年南方很多省份缺电的例子来说，更可感觉到这个问题的严重性。我们现在很多地方企业出现了开三停一，甚至每周停工两天的现象。那么怎么解除电荒难题呢？又看到报纸上登了一条消息，说现在为解决电荒，发改委对设立火电厂的请求加快审批。这个问题我也感触很深，等到已经缺电很严重的时候，我们发改委加快审批了，等我们加快审批的火电厂建成的时候，可能电能又富余了。我们在计划经济时代出现过的一些现象，却在今天的市场经济时代愈演愈烈。完全靠审批来解决发电问题，这不是按照市场经济规律办事。我们常常讲，一个发电厂能否上马建设，在国家发改委也就是由一个处、一个局来审批。一个省缺电需要盖发电厂，这个省自己不能决定，还要经过发改委的一个处级单位来批准，不批准就不能建。由一个处级干部用计划经济时代的方式来审批一些项目，它所造成的恶果是非常明显的。所以从这点来说，我们的市场自由，现在面临着更大的倒退，原因是国家加强了审批，又恢复了某些项目的审批制度。

其实，我们国家原先在颁布《行政许可法》的时候，有个很好的愿望，即市场经济能够解决的问题，尽量由市场自己去解决，市场自己不能解决的，尽量由社会组织去解决，只有市场不能解决，社会组织也不好解决的问题，才由国家来审批。所以在这三个序列中，国家审批是放在第三位，对市场不好解决，社会也不好解决的难题，才动用国家的力量。而现在，国家审批的力量越来越大。世界经济危机发生之后，政府有关机构通过了多个关于重要产业部门行政控制的批准文件，包括造船、钢铁等等一些产业，凡是不达标，都要淘汰或整顿。这样一来，等于变相加强了政府控制的力量，它所产生的负面效果，值得我们反思。

我们观察市场的秩序，也会发现这个问题。当初规范市场秩序的法律，有一本很重要的法律叫《产品质量法》，是在七届全国人大的时候立法的。立这个法的过程中讨论了国家到底用什么样的手段来控制产品质量的问题。当时我们参考了美国的《产品责任法》。美国《产品责任法》和我们《产品质量法》的用意差不多，都是以保障产品质量为目标，但是采用的手段却恰恰相反：美国的法律是用产品责任来推动产品的质量，就是说除了涉及人民生命健康的像药品、食品这样的产品，其他的都可以生产，但你生产了假冒伪劣产品，用户受害了，用户来调查，你就要承担民事责任。而我们的《产品质量法》主要则用行政手段来加强管理，而不是民事手段。

还有知识产权问题，1995年我在美国讲学的时候，美国的律师问我为什么美国的知识产权在中国受到这么多的侵犯？我当时说，中国知识产权发展比较晚，没有像美国、英国这样比较早就有知识产权的法律，也没有来得及从中央到地方建立一个很完整的执法机构。没有想到美国的律师马上反问，按照你这样的说法，中国得建立一个多么庞大的政府啊？这个问题，我发现自己确实上当了，如果中国每个法律通过以后，都要有从中央到地方单独设立一整套执法机构，我们确实会变成一个庞大得不得了的政府。所以对于我们来说，如何完善立法的手段，也是一个很值得思考的问题。

中国法治建设应跟上时代潮流

法治和人治，是中国面临的一个最根本的问题。在我看来，中国法治面临一个倒退的局面。过去我常常说中国的法治是有进步有退步，但是总体来说是进两步退一步，还是在前进，但是我可以说，最近我们是退两步进一步了，我们是退为主了。这是一个很可怕的现象。如果这种情况长期存下去，那我们的法治就很危险。

我想大家可能很关心李庄案①，在聚会上我就常常关心这个问题。我关注李庄案，并不是因为李庄个人，我跟李庄并不认识，对他本人没有多大的好感。但是为了担当律师的职责，我个人觉得有必要站出来表明我的观点。

李庄案是一个法治倒退的现象，尤其是在后来补加的漏罪案件里面，体现得尤其充分。李庄判罪，是因为他犯了伪证罪，但是事实上很难辨别和确定伪证罪。什么叫伪证？如果伪证是书面的证据，比如造了一个假身份证或者一个假公文，那还好说。但口供里的伪证就麻烦了，口说无凭，你怎么来确定呢？李庄在他原来担任律师的案子的一审里，他所辩护的龚刚模在公安局里面的口供是刑讯逼供，后来他说李庄唆使他翻供，这有问题了。因为李庄会见龚刚模的时候，公安人员都在场，公安人员在场之下龚说什么大家都听见，难道使一个眼色就让人翻供，这有点牵强。时隔一年，重庆市江北区人民检察院以李庄犯辩护人妨害作证罪，向重庆市江北区人民法院提起公诉。案件缘由是李庄案宣判后，重庆司法机关接到举报，要求追究

---

① 2009 年 12 月 12 日，因在代理重庆龚刚模涉黑案中步嫌伪证罪，时为北京康达律师事务所合伙人的律师李庄，被重庆市公安局拘捕；2010 年 2 月 9 日，重庆市第一中级法院终审判决李庄伪造证据、妨害作证罪成立，处 1 年零 6 个月刑期。2010 年 4 月 2 日，重庆市江北区人民检察院以李庄犯辩护人妨害作证罪，向重庆市江北区人民法院提起公诉，2011 年 4 月 28 日，重庆市江北区人民检察院决定对李庄不起诉，并向李庄宣布了该决定。

李庄在其他代理刑事案件中的违法犯罪行为。原来有一个人，听说李庄被抓起来了，就出来说李庄也唆使他翻供了。这个人是吸毒犯，心理状态并不稳定，另外案件中举报人到底是借钱，还是投资，这些事实都弄不太清楚。所以最后重庆市检察院撤诉了。撤诉是完全正确的。这里面有法律方面的原因，确实没有很确切的证据。如果一个人说李庄唆使其翻供，起码应该把证人传唤到庭上，这是非常必要的。现在证人并没有来，就以他的检举信作为起诉依据，那是很可笑的事情。

李庄案突出地反映了当下中国司法制度里很重要的一个问题，就是司法制度无法起到保护律师的作用。我这么说并不等于说律师就不能被判刑，而是说对律师判刑要特别谨慎。他要是做了伪证，确实有书面伪证，还好说，如果完全以口头的证据，必须要对证人在法庭上审问，允许控辩双方做交叉询问。这个交叉询问很重要，因为检方提的问题和辩护人所提的问题，能够暴露出证人作证的真伪情况。如果我们的律师都处在这种状态下，这个国家还有什么民主可言呢？如果律师时刻感觉到是在刑事责任的危险下来进行一些辩护的话，那怎么行呢？

有人好几次问我，李庄漏罪案撤诉究竟是法律的原因，还是政治的原因？我说我不太了解，但是我个人认为，李庄漏罪案撤诉既是法律的胜利，也是群众舆论支持的胜利。因为从法律来看，漏洞太大，如果检察院再继续这种办法，那么它在法律面前是站不住脚的。政治方面的原因有没有？我觉得也有。这次对李庄漏罪案再次提起诉讼，在许多人的心目中绝对有欲加之罪何患无辞的感觉。

一个人已经判刑了，你又要在他的身上加一点罪那还不容易吗。所以这次针对李庄漏罪案提起诉讼，应该说失去了民心，失去了律师界的民心,失去了法律界的民心,也失去了中国许多普普通通老百姓的心。

为什么对一个普普通通的律师穷追不舍,抓住不放,非要置之死地?这就不合适。我觉得作为中国的政治家要思考这个问题。

正确理解"两论"与法制建设的关系

今天在基层官员中,有两个口号喊得特别响亮,也最容易被歪曲。一个是稳定压倒一切论;一个是中国情况特殊论。这就是我所说的"两论"。我觉得在中国国情下,要注意其对法制建设的消极影响。这"两论"的提出,虽然有其合理性,但是也容易在实际工作中被误用和歪曲。如稳定压倒一切论,如果不稳定,还谈什么改革?谈什么发展?所以稳定要压倒一切,有一定道理。中国情况特殊论,应该说,哪一个国家情况不特殊啊?哪一个国家都有自己特殊的情况。但是提出这两个题目,不仅有特定的环境,有特定的所指,而且这个"两论"提出来,对我们国家的法制建设、依法治国,有很大的影响。我们应当正确理解这两者的关系。

值得重视的是,在实际工作中,我们难以清晰界定什么是稳定。我们没有"稳定法",没有给稳定作出一个界限,什么情况是破坏稳定,这些我们都不清楚。我们是否稳定都是由当地的党政机关一把手来决定。因为你们想一想,提出稳定压倒一切,马上有一个现实的问题,谁来确定是稳定还是不稳定呢?或者谁来决定它是妨碍了稳定呢?关于谁来确定妨碍稳定,我们现在既没有法律的规定，也没有任何其他明确的界限。可以说，稳定不稳定全然取决于地方党政一把手，现在不仅是市长，就是县委书记、县长，也可以决定这个地方的某些行为是不是妨碍了稳定。所以，笼统谈"稳定压倒一切"，有可能导致人治的问题。

拿深圳这个改革开放的前沿城市来说，最近要举办世界大学生运动会，为了维护大运会的安全，深圳市政府部门公布了一个办法，这个办法就是在深圳市对社会治安有高度危险的人进行严格的控制。按照他们的分类办法，一共有7类共8万人属于可能对社会有危害的人。深圳市政府部门规定他们不能在深圳居住，勒令他们搬走。那么深圳市把这8万人推到哪里去呢？这8万人肯定不愿意回乡，无非是到周边城市去。那么周边城市的安全怎么办？果然周围的东莞、惠州等城市，马上反应很强烈，群起效仿，也要制定相应的规定，他们的理由是，这些人如果到东莞和惠州来的话，我们的危险谁来管啊？照此逻辑，中国就太危险了。

深圳市开了一个不好的头，办法出来后，舆论哗然，反对声一片。深圳市政府推出的这一措施，从根本上违反了《宪法》的基本原则。《宪法》讲人人平等，不能因为户籍原因就歧视人家。但是我们现在呢？说得夸张一些就有点类似印度的贱民政策，或者古代罗马的人格减等的制度，就是把人分成三六九等，而不是把所有人当作平等的公民来对待。这是影响到我们人权保障的一个根本问题。

然而我看到一个消息，虽然反对声很大，深圳市的副市长兼公安局长表示这个制度还要坚持实行。深圳的理由是稳定压倒一切，认为这8万人影响稳定，必须离开深圳。可是深圳市有关官员如何来判断这些人是否影响稳定？主要还是人治因素在起主要作用。我们要反思的是，如果我们通过人治确定什么是稳定，什么是不稳定，甚至一个地方政府负责人，一个公安局长就能确定是稳定还是不稳定，那中国是不是又走向了人治的道路？又退向了人治？这是一个很可怕的现象。问题是，更糟糕的还在后面，对中国来说，最先得改革开放风气之先的地方却实行了最落后的办法，那么我们有什么办法制止他们呢？我们能够用宪法的手段去抵制它吗？很困难。我们没有宪法诉讼，我们也没法提起诉讼。我们顶多仿效原来的三个博士对于孙志刚案件那样上书常委会。国务院如果明智一点，可能自己就把收容审查条例给撤销了，但是如果政府不明智呢，我们并没有救济手段来制止这种行为。所以从这个角度来说，我们确实需要解决宪法诉讼在内的一系列问题。

报纸上还登过这样的消息，有个地方法院，对案件已经做了判决，但是在执行的过程中遭到地方政府的抵制，当地政府以影响"稳定"为由，要求法院停止执行。法院认为自己是依法判决，而且判决已经生效。可是县里面领导人说，很多居民有反对的声音，不同意执行，以这部分人的反对作为理由来干预法院执行。这不是以"稳定"来压倒法治吗？行政权力假借稳定压倒一切之名，公然干预司法，这种情况在基层政权并不鲜见。依法执行判决本是依法治国的体现，但是现在一个判决都不能执行，这还叫什么法治国家！稳定当建立在法治的基础上。

再说中国情况特殊论。中国情况当然特殊，但哪个国家和地区的情况不特殊呢？连一个澳门特别行政区情况也特殊，澳门地区也有自己的一些法律，也不是和世界其他地方都一样的。

香港特别行政区情况也特殊，但是它也是一个法治社会。所以我们要看到，我们所讲的法律，包含三个层次：法律既是一个制度，又是一个方法，更是一个理念。

作为一个制度来说，当然每个国家会有不同的法制。中国的法制绝对有一些中国特殊的规定，比如中国的土地政策就很特殊。外国有土地承包责任制吗？外国有土地集体所有制吗？没有！所以从具体制度来说，中国有中国的特殊情况。但是法律作为方法，应该有共同性。作为方法来说，分析一个法律问题，要采集证据，以事实为依据，并判定它的证据如何，这是很明确的。美国人爱讲方法，到美国学习法律，课堂讨论完了之后，你问老师的看法是什么，老师说我没看法，我教你的只是方法。因为方法是制度的深层基础。法律制度随着时代的变化，会随时发生变化；而方法则具有相对的稳定性。从某种意义来说，学习方法比学习制度更重要。

不要忘了，法治还有一个共同的理念。它是世界各国发展到现在，所共同追求的目标。我们可以说，中国是特殊的，和世界各国不一样，但是今天我们采纳的是法律作为一个秩序，法律作为一个社会生活的规则，法律作为市场经济的一个规则，规则就有共通性。我想自由也好，民主也好，人权也好，公平正义也好，都是人类共同追求的目标。一个法律如果不能维护公平正义还叫什么法律啊，如果我们自由人权都不讲的话，还叫什么法律啊。所以在这一点上来说，我们一定要看到法律有很多的共性，而这些共性是不能够被个别所抹杀，而且也不能以强调一个国家自己所特有的民族特点而把共性抹杀。所以从这个意义上来说，法律作为理念，它就离不开自由、民主、人权和正义、公平。正如温家宝总理最近在英国皇家学院演讲中所说的那样，未来的中国，将是一个充分实现民主法治、公平正义的国家。中国的未来要充分实现民主和法治，这已经表明了我们的前进方向，所以依法治国应该是不容置疑的。

司法改革:渐进中积累量变

徐 昕

徐　昕（Michael Hudson）

　　北京理工大学法学院，教授，博士生导师。曾任教于西南政法大学，在中国民事诉讼法学研究领域卓有建树。

2008年11月,中共中央政治局原则通过中央政法委《关于深化司法体制和工作机制改革若干问题的意见》,"新一轮"司法改革由此展开。这一轮司法改革包括60项改革任务,分成四个方面:一是加强监督制约,优化司法的职权配置;二是落实宽严相济的刑事政策;三是着力提高司法队伍的素质;四是着力加强经费保障。

司法改革迈过重要十字路口

60项改革任务,2009年完成17项,2010年基本完成30项,到目前为止60项改革任务基本完成。出台文件成为官方评估司法改革任务是否完成的标志。实际上,这只是改革的第一步。只有司法改革措施切实贯彻,良好运转,才可视为改革任务的完成。客观而论,这一轮司法改革措施有一些力度相当大。

例如，政法经费保障体制改革，多元化纠纷解决机制建设，推进司法公开，铁路公检法转制，职务犯罪案件逮捕权上提一级，全面推进社区矫正工作，案例指导制度正式推行，两项刑事证据规则出台及刑事诉讼法修改，量刑规范化改革等。如果能够切实推行，相当有价值。

但整体上民众评价不高，有很多不足。我们在《中国司法改革年度报告》中进行过总体性评论：1. 大部分改革举措需要切实贯彻，并接受实践检验，作进一步的调整和完善；2. 绝大部分改革措施只是司法工作机制的调整，甚至只是工作方法的改变，未触及司法体制的行政化、地方化、官僚化、政治化等根本性弊端；3. 部分改革如规范涉法涉诉信访、推进司法廉政建设等只是权宜之计，但未从根本上制约权力，效果欠佳；4. 大多数改革措施仍然是小修小补，力度不大，改革步伐放缓；5. 某些司法理念如法院强调"调解优先"、"能动司法"需要纠正，对司法人民性的过度重视亦需反思；6. 某些方面的改革出现了倒退，比如，律师管制的过度严厉对业已困难重重的律师执业产生了消极影响，建立司法巡查制度、规范上下级法院关系强化了司法的行政化等固有弊端，尤其是司法的独立性遭受到更大的损害。

司法改革部门可能会觉得很委屈。我其实并非全面否定派，我个人还是觉得他们做了很多工作，他们中一部分人是"体制内的开明派"，希望推动中国司法改革前行。虽然做了不少工作，但由于根本性问题的倒退，使一切归于无效。但不要灰心，现在所做的工作其实是一种积累，如果某一天在关键的问题上有所前进，目前的积累将显示其效用。所以，面对困难，面对重围，不应当悲观失望。

《中国司法改革年度报告（2009）》提出：中国司法改革已经迈过了决定性方向的十字路口。这一观点经过媒体的宣传后，被广为接受。1978年，十一届三中全会提出保障人民民主和加强社会主义法制的任务。自此，法制建设成为国家的中心工作之一。1997年，中共十五大提出"依法治国"的基本方略，"建设社会主义法制国家"的提法改为"建设社会主义法治国家"。法治建设既是国家之大局，亦是民众之期盼。这是已经达成的共识。中国的经济、社会结构和民众观念已发生深刻变化，任何人、任何组织都不可能将中国拉回人治的轨道，任何人都不会愿意回到无法无天的时代。

我也悲观，但法治建设和司法改革迈过了决定方向的十字路口，现在即使"回头"，也只能是前进中的"回浪"，因此无需过度悲观绝望。而且，我们现在所从事的司法改革工作也是一种积累，未来会显示其价值。

司法改革分层分级先易后难

即使在现有的体制内，司法改革仍然有空间，而且有很大的空间。60项司法改革措施中，有10多项相当有力度。现在做好了吗？例如，推进司法公开，可以解决很多问题，但现在公开得够吗？又如，案例指导制，具有渐进的革命性功能：它对司法的改变是渐进性的，润物细无声；但其功能是革命性的。但这一制度的贯彻还处于起步阶段。再如，铁路公检法系统的转制，现在也没有做好。除了60项司法改革措施外，还有更多可做。

目前的司法系统存在很多问题，可以推进量变，从"我"做起，从现在做起，从细节做起，从法律技术领域做起。量变本身有助于促进质变，量变积累充分之后，或许可能促使质变的时间提前。因此，即使在悲观的环境下，我们仍然要努力，要行动，点滴推动法治进步。

如何克服困难？如何突出重围？关于中国司法改革的策略和路径，我归纳了五点：

第一，分层分级，先易后难。司法改革首先面临体制性阻碍。但阻碍更大的，其实是利益集团。进而，还有改革动力的丧失。中国现在的改革已严重缺乏动力，利益集团没有革自己的财产、自由和生命的动力，因此，他们总说改革条件不成熟。

举一个典型的例子，领导干部财产申报公示制度。200年前，瑞典就实行了这种制度，现代中国信息技术高度发达，有关部门居然说条件不成熟，说是建立社会诚信体系、信息统计体系比较难。这有何难？先确立制度，执行时有问题再解决吧。因此，我们要分析究竟是什么因素阻碍了司法改革和整个国家改革的进行，而不能笼统地说有阻力、有困难。

面对困难，应当区别对待，分级分层。可进行一个简单的分类：一是现实的困难，二是想象的困难。前者又可分成不同难度。事实上，很多困难都是想象出来的。大家可以去追问，绝大多数改革面临的困难，其实并不是那么难，而是某个利益集团的阻碍或者某种想象造成的。例如，反腐败实行非常难，似乎无法解决，因为反腐败就是对权势阶层的革命。但如果真的下决心解决，其实也不难。打一个比方，深圳靠近香港，假设香港廉政公署在深圳设立一个分支机构，完全按照香港的规则执行，看看谁还敢腐败？谁都知道，反腐败符合国家和执政党的最高利益，但为什么执行不了？就是因为利益集团的阻碍。所以，对困难要分层分级，先易后难。按照这种策略，我们会发现，很多问题是能够解决的。

第二，司法改革的去政治化。司法是一种解决纠纷的工具，任何社会都需要一个良性运作的司法机制。现在司法解决纠纷的机制运作不畅，无法公正、公平、公信、权威、终局地解决纠纷，因此导致一切纠纷最后都可能涌到党委和政府那里，使其承担难以承受的压力。倘若有一个独立的司法机关，它公正、公平、权威，为民众所信任，能够彻底解决纠纷，这不是为社会和谐做贡献吗？不是为国分忧解难吗？要使司法良性运作，就必须赋予它较大程度的独立性，因为这是司法发挥功能所必须具备的条件。

把司法的问题和政治的问题区分开来，让司法和政治各有所属。在司法改革领域，采取从法律技术领域来推进的策略，把它看成是一个社会治理技术方面的问题。怎样才能够使得社会实现公平正义？法院判决怎样才可能既公正又权威？围绕这样的目标，在法律技术上要做何种改进？

例如，审判委员会制度改革长期没有进展，一个主要原因是被误认为"政治"问题，似乎否定这一制度就否定"党组"，但该制度实为司法职权配置的技术问题。对于审判委员会，我提出两阶段的改革方案：长远而言要废除，法官独立裁判，因为直接原则是审判的基本要求；倘若近期不能废除，我主张把审委会制度改造成一个顾问性的制度，提供意见，但仍由合议庭或独任法官作出决策。

又如，强调"调解优先"源于建设和谐社会的目标和"维稳"的政治任务，但法院重视调解并不一定要"调解优先"，更无需对调解率作硬性要求，调解只是纠纷解决的方式之一。重视调解没有错，但法院对调解的过度重视，调解优先就会带来很多问题。我提出的方案是，区分法院内外的调解。法院外调解无论如何强调都不过分，但法院的职责是审判，能调则调，当判则判，而且调、判必须分离。如果法官参与调解，审判时很容易不中立。进而，以此促进民间调解的兴起。法院调解有需求，谁来调？可以委托给人民调解委员会、民间调解机构，因此应该大力发展民间调解。

再如，规范律师执业、加强律师监管的目的是维护法律服务市场的正常秩序，无需发动政治化的整风运动，更不应矫枉过正地要求律师"协助司法机关准确打击犯罪"。

只要解放思想，转变观念，将因政治化、意识形态化而被视为改革"禁区"的问题转化成司法治理的技术问题，司法改革遭遇的困难和阻力将得以有效化解。司法改革的去政治化，正是转型中国的司法从"无奈"现实迈向现代司法图景的重要策略与途径。

小平同志提出了一个非常著名的论断——"三个有利于"。我们为什么不可以按照小平同志的话来办？只要有利于促进民众接近司法和正义，只要有利于保障社会和经济的协调发展，只要有利于增强社会主义制度的优越性，就是社会主义司法制度。换言之，凡是"好"的司法制度，就可以是社会主义的司法制度，而社会主义的司法制度也应当是"好"的司法制度。倘若受到干预，法院不可能实现公正。公平和正义比太阳的光辉更重要，为了实现公正，应当规定，法官裁判不受任何机关和个人的干预。这才是社会主义司法制度。阻碍公平正义实现的制度，决不是社会主义司法制度。

减少干预从法院内部做起

第三个策略，从内部入手，从自身入手，尤其是从法院自身做起。

法院和法官经常抱怨受到很多干预，很难，很累，压力很大。领导压力更大，因为需要协调各种关系。如果有一个良性运作的司法制度，法官和院长就不会这么难这么累。但法院和法官抱怨受到干预时，有没有想过干预何来？应当说，绝大多数干预来自法院系统内部：院庭长和上级法院。因此，法院内部应首先实现相对的独立，上级法院不干预下级法院，领导不干预法官办案。如果能做到这两点，"司法受到干预"的情况将减少八成。地方党政对法官的干预，通常也是借助法院领导来实现的。每一个机构把自己的事情做好，天下就太平了。

法院大力推行司法公开。司法公开可以解决公正、监督、公信力、权威等很多问题，甚至可能引发根本性变化。现在，司法公开已经形成了一定的压力，这要感谢媒体的努力。中国很多的进步是信息传递的结果，而这些都是通过努力争取到的。这种被挤压的进步，源于知情权、社会结构和技术推动三大变量：1. 民众对知情权的要求越来越高，形成自下而上的强大需求；2. 中国正处于权利压制型社会，民众普遍压抑和郁闷，需适当疏解，而要求公开是最基本和最容易实现的；3. 信息技术发展，公开的需求被无限放大，控制信息的难度更大。

在讨论司法公开和案例指导制时，我不断呼吁最高法院建立全国性法院案例数据库。在公开各级法院主动提供的案例基础上，首先做到公布最高人民法院的所有裁判文书，继而公布省级法院的所有裁判文书，最终公开所有法院的裁判文书，涉及国家秘密、商业秘密和个人隐私的内容可作技术处理。案例数据向社会公开，可以便利地进行检索。所有公开的案例，皆可产生比照效应，更利于司法统一，更接近司法公正。

第四，凝聚动力。司法改革要向前推进，需要动力。上面要有决心，下面要有信心。怎样才能做到？我在《中国司法改革年度报告（2011）》中呼吁司法改革的公众参与。司法改革的公众参与，对当下司法改革具有破局性意义，也具有充分的可行性。在一个共识缺乏的时代，有关如何推进司法改革的方法论相对容易达成共识。司法改革的公众参与主要从四方面展开：1. 司法改革的公开化，司法改革的文件、咨询报告、改革进程、效果评估等相关信息透过网络平台等各种方式向社会公开；2. 公众有权全方位参与批评建议、研究咨询、议题设定、意见征集、过程观察、效果评估等司法改革的全过程；3. 破除禁区，支持司法改革研究，鼓励民间司法改革研究和促进机构的建立；4. 全国人大设立司法改革委员会，作为国家司法改革的决策机构。

第五，提高法律人的素质，这是根本。制度再好，如果人有问题，制度不可能运作良好。当然，我们需要改进制度，为人的素质提升提供保障。例如，借鉴英美法从律师中选任法官的做法，建立司法官职业转换制度。这种技术性改变对于中国司法生态的改变至关重要。从事律师多年，拥有一定的经济基础，用不着利用裁判的权力去寻租。律师成为法官，将有助于加深律师与法官之间的相互信任，促进法律职业共同体的形成。而一个法科毕业生先做律师，有经验之后再做法官，有利于公正裁判。这也是解决法学院就业问题的重要方向。这是非常好的制度，却一直没有推行。

进而，法学教育必须进行重大的改革。800余所法学院，从20年前的好专业变成就业最难的专业，培养出来的法科学生让我们惭愧，当然与老师本身也有很大的关系。法学教育必须转型，最重要的有两点：一是要转向实践教学，以法律技能的提升为目标，培养出能够胜任律师的专业人才；二是强调正义的教育，现在法科学生、法律人普遍缺乏正义感，不知道何为正义，也无所谓何为正义，法科学生普遍拥有目光短浅的现实目标：赚钱和当官。民众把自己的财产、声誉乃至生死都托付给法律人，当然对法律人的要求很高。法学教育培养出来的人，必须有正义感。

意识形态如何引领结构性改革方向
——关于中国社会的现代性思考

竹立家

竹立家

国家行政学院公共管理教研部教授、公共行政教研室主任,兼任中国行政学研究会常务理事、中国自然科学基金会专家评议组成员、国家质检总局人力资源中心顾问。著有《悄悄的革命》、《文化与超越》、《思想政治教育学》、《品德教育及评价》、《道德价值论》、《国外公共行政理论精选》、《国外组织理论精选》等。

我们生活在一个流动性和"不确定性"加剧的时代。这个时代所遇到的各种各样的矛盾与问题,不但超出了传统和既有历史经验能够解释的范围,而且也超出了我们的理智所能把握的边界,每个时代都有其必须面对和解决的特殊而紧迫的问题。数字化、信息化以及生物技术的发展所带来的深刻的"全球化",正在把人类文明这艘大船带入一片未知的海域,既没有航海图也没有灯塔,我们只能在探索中奋然前行,我们正处在一个全新的时代。

不言而喻,对中国当代文明发展"境况"的认识与解读,较之于对当代整个人类文明发展"境况"的认识与解读要艰难与复杂得多。这主要是因为在"西方中心论"的现代文明"解释框架"下,文明模式呈现出明显的"顺序论"特征,"文明形态"按照农业文明、工业文明、信息文明等"阶段性特征"依次展现,具有鲜明的"历史逻辑性"。而中国当代文明境况则呈现出明显的"叠加性"特征,农业、工业和信息文明相互交错、叠加和影响,展现出前所未有的纷繁复杂状态。对这种

"紊乱"状态的分析和认识，以及把握这种状态演变的内在趋势，是解读当前中国这篇"大文章"、乃至写好未来中国这篇"大文章"的基本前提。

中国用 30 多年的时间，浓缩了资本主义文明 300 多年的发展史，在经历了近代 100 多年的苦难和衰退之后，正在加速从文明的"边缘"向文明的"中心"突进。中国再也不是人类文明演进的"看客"或"配角"，而是当代文明向未来演进的主体之一。中国悠久的文化传统、巨大的人口规模和社会主义的制度体系，决定了中国必将是创新和形成未来人类文明发展模式的重要参与者。中国的发展价值，只有放到整个人类文明发展的框架中来认识，才具有重要意义。

现代性反思

检视近代以来人类文明的发展进程，用一个简单的概念来概括就是"现代性、现代化或现代主义"。虽然这三个词在一些后现代主义哲学家那里表达的意思有所不同，如美国后现代主义哲学家詹姆森就把"现代主义"与"现代化"作为一个相互对立的概念来使用，但在我的分析框架中，基本上认为它们指的是同一个东西，即西方文明发展的一个相对确定的历史时期。现代化是对整体发展进程的动态分析，现代性是对现代化进程的某一时间"节点"的静态分析，现代主义是指一个历史时期以来的一种文明发展态势。当然，发端于公元 1500 年左右的这一现代化进程，首先是从欧洲开始的，随后才逐步地影响到全世界，并影响到中国的现代化进程与选择。

什么是现代化或现代性，对其定义有多种看法。但我比较认同《全球通史》作者斯塔夫里阿若斯的观点。他说："经济学家把现代化定义为人类逐步提高对外部环境的控制能力并利用它来提高人均产出的一个过程。社会学家和人类学家指出，现代化的其他特征包括：唤醒和激发大众对现在和未来生活的兴趣，认为人类生活是可以理解的而不受制于超自然的力量，以及直到目前才树立起的对科学和技术的信赖。"①

的确，欧洲国家通过文艺复兴、宗教改革、技术发展、建立资本主义企业制度、海外扩张和国家建设等初期现代化进程，开启了"现代性"的先河，到18、19世纪实现了科技革命、工业革命、政治革命三大相互依赖、相互作用的革命，使西方成为现代化的楷模、现代性的标志，构成现代人类文明的基本"叙事框架"。"西方中心主义"从此占据"文明叙事"的中心位置，成为衡量一个国家、一个地区文明与否的基本标准，这种状况目前还在延续着。

因此，"现代性"从其本源上来讲是一个关于"西方的故事"，是一个关于"资本主义成功"的故事。这个故事的名字叫"启蒙"，是一个"启蒙故事"。故事的"主角"是人，是关于"人和人类解放"的故事。故事情节是按照"科学与理性"战胜"迷信与信仰"构思的。"主体性的人"最终打败了"上帝"，"上帝死了"，而"人"成为"自己的主人"，自己主宰自己的命运。

在现代性的"纪念馆"中，摆放着各式各样"思想巨人"

———————
① [美]斯塔夫里阿若斯：《全球通史》，董书慧、王昶等译，北京大学出版社，2005年，第369页.

的"人物雕像",虽然他们的思想体系、理论观点各异,甚至相互对立与冲突,但他们的共同特点是都相信科学与理性,相信真理是存在并能够被认识的,相信人的解放是可以期望的,相信有些价值是人类共同具有的"普世价值",相信人类文明进步的必然性和确定性。总之,相信作为主体的、理性的人,可以自己决定自己的命运。

当然,现代性的展开是从启蒙开始的。按照康德1784年在《什么是启蒙》一文中的经典说法,启蒙就是人类摆脱自己加之于自己的"不成熟状态"而能"成熟地运用自己的理性"。这种不成熟状态的表现就是对"权威"的臣服,无论这种权威是宗教性的还是世俗性的。因此,在康德看来,启蒙精神有两个鲜明的特点:一个是理性,一个是批判性。康德认为问题不是人类缺乏理性,而是人类缺乏运用自己理性的勇气,当人类学会了"公共地运用自己理性的自由",不屈从于任何权威,对历史与现实有了批判与反思的精神,启蒙就开始了,恢宏壮阔的现代性的历史长卷就展开了。

对于现时代的人来说,现代性仍然是一个问题。按照哈贝马斯的说法,现代性是一项"未竟之业"。这就是说,现代性既是一个时期的人类文明史,也是我们不得不面对的现实,现代性还处于一个"现代化"的延续过程中,历史还没有"终结",意识形态争论还在展开,生活的演变还在继续,"人的解放"仍然还是一个"故事"。

在西方中心主义的文明框架内,现代性理论是通过资本主义"意识形态话语"来表达的,现代性实践是通过技术化、商业化、工业化、城市化展现的,人的解放是通过自由民主制度实现的。因此,"后现代主义"者、法国哲学家利奥塔1979年在《后现代状况》一书中，把现代性定义为"一种思想方式，一种表达方式，一种感受方式"。他认为现代性就是关于真理、人的解放、人的主体性等等的"巨型叙事"、"大叙事"或"元叙事"，而"后现代"就是对"元叙事的不信任"。

换句话说，20世纪70年代出现的后现代主义，本质上就是对启蒙的一种反思与批判、对真理性知识的一种"解构"、对人的解放的一种怀疑、对科学的一种不信任。概言之，是对"现代性成果"的质疑。这就是说，"现代"与"后现代"的区别，不仅是一种思维方式的区别，也是一种历史社会的区别。虽然后现代主义在西方从来没有成为主流意识形态，也没有提出像样的"社会问题解决方案"。但后现代主义思想家利奥塔、罗蒂、詹姆森、福柯、德里达等对资本主义"现代性"的批判，却挑起了从政治、社会、经济、文化、科技发展等方面对现代资本主义深刻的哲学反思。

资本主义社会内部对后现代主义挑战的回应，主要是20世纪70年代兴起的主流意识形态——"新自由主义"。新自由主义秉承古典自由主义核心价值"自由"的理念，坚持"自由优先于平等"、"正义优先于效率"的自由主义教条。20世纪70年代以来的30多年间，以哈耶克"市场自发秩序"和美国政治学家诺齐克"个人权利"的思想为基准，新自由主义价值指导原则成为资本主义"主流意识形态"，开始用真理性的"话语"讲话，并占据了人类"文明发展"的舞台，几乎成为世界各国改革发展的指导思想，其关于文明发展价值的理念渗透到全球各个角落，成为"现代性"的标杆，以至于美国新自由主义政治学家福山宣称近现代以来人类关于发展价值的意识形态争论"终结"，新自由主义成为文明未来发展的唯一正确的价值。但

2008 年以后延续至今的世界经济危机打破了新自由主义的"意识形态霸权",关于文明发展理念、发展路径、发展目的的意识形态争论远远没有"终结",关于现代性的"宏大叙事"又成了一个问题,资本主义意识形态指导下的"现代性"又陷入新的困境。

特别是中国作为一个社会主义大国在现代文明世界的迅速复兴,为文明世界提供了在社会主义意识形态指导下"现代性"选择的又一个"版本",提供了人类文明发展价值、发展路径、发展目标的新理念。社会主义基本理念,作为一种以制度支撑的"实践形态",经过近 100 年的曲折发展之后,特别是经过苏联东欧的社会主义实践失败之后,曾陷入发展低潮和困境,但中国在全面检讨社会主义发展的理论与实践之后,提出改革开放的现代化发展路线,迅速改变了社会主义现代化发展困境,使中国的社会主义"现代性"进一步显现,使不同于"资本主义现代性"的"社会主义现代性"具有了世界意义。无论是在理论上,还是在实践中,全面、深入地总结社会主义现代性的理论意蕴、价值内涵、实践路径、发展目标,形成鲜明的社会主义意识形态体系和实践框架,不仅对中国未来的"现代性"发展,而且对人类文明未来的"现代性"选择,都具有重大的理论与实践指导价值。

现代化与全球化

全球化是近些年来被广泛讨论的一个话题。与全球化相关的议论林林总总、汗牛充栋,但仔细梳理关于全球化的论点,一个显著的特点是全球化与"现代性"或"现代化"概念紧密关联。

在大多数有关全球化的论述中，全球化是指一种相互联系的复杂网络在全球范围的形成。全球化意味着相距遥远的社会中的人类生活被联结在一起，并在全球范围被组织起来；意味着人类行为活动相互影响的增强与加深；意味着人与人之间，不同的社会、民族、国家、文明之间互动规模的递增与扩大。同时，在不同的观点对全球化的表述中，全球化也经常指一种过程、一种政策、一种市场战略、一种现代化走向，甚至一种文明发展困境、一种意识形态或一种思维方式。毫无疑问，全球化是这个时代最为重要的"事实"，全球化的演变与人类文明的未来走向息息相关，有可能决定着地球整体文明的命运。

虽然全球化概念自19世纪末20世纪初才开始在一些思想家的著作中被使用，并在20世纪60、70年代的学术界广为流行，但从人类文明史的角度来看，全球化的起步要早得多，几乎与"现代化"、与资本主义社会的萌芽、与"地理大发现"同步。无论我们对全球化持什么态度，全球化作为一种事实、作为一种历史趋势，都在改变和影响着我们的生活、观念和思维方式。全球化正在对社会和文明形态进行大规模重构，全球化扩大了我们的知识视野，深化了我们对自身本质的认识。

正如美国历史学家斯塔夫里阿诺斯在《全球通史》中所陈述的那样，公元1500年左右引起欧洲扩张的"地理大发现"，彻底改变了人们的全球观念，地球第一次以一个完整的形态呈现在人们面前，世界比人们原先想象的更大。如果说在这之前文明主要是在欧亚大陆展开的，那么，美洲、澳洲的发现与欧洲向非洲内陆的扩张，则开启了"第一次全球化"的浪潮，并在人类历史上掀起了一场"现代化"革命。"地理大发现"逐步推翻了传统的社会结构，改变了欧洲人的世界观念，推进了科学技术的进步，加快了世界经济体系的形成。更重要的是，人们在地理空间上形成了全球性概念，"物流"与"人流"开始在全球范围内流动，具有不同文化的民族开始了前所未有的碰撞与交流。全球化在早期商业资本主义对利润的血腥追求中逐步展开。同时，随着新时代以"人文主义"为核心的新思想、新观念、新技术的出现，欧洲开始了漫长的"初级现代化"阶段，欧洲国家通过资源掠夺和奴隶贸易，建立了世界范围的"殖民帝国"。

18世纪下半叶，欧洲开始了"启蒙时代"。以自由主义和理性主义为标志，狄德罗、洛克、潘恩、卢梭、康德等一大批思想家阐述了启蒙的理想与原则，欧洲进入了快速"现代化"阶段。"现代性"的理念与制度逐步成型，"自由"与"民主"理念深入人心，自由民主制度成为资本主义的基本制度形式。此后的200多年来，人类文明的现代化过程，基本是在资本主义的主导下进行的，"西方中心主义"逐成定势，西方的优越感、傲慢与偏见渗透到文明的方方面面，指导与左右着文明发展大势。

启蒙运动的最重要后果是法国大革命和美国独立。法国大革命确立了资本主义现代性的两个重要原则，即自由主义和民族国家。美国独立则在世界文明史上产生了一个新的、对文明发展走向具有重要影响的国家，导致100多年后资本主义文明中心乃至世界文明中心向北美转移，大大拓展了资本主义文明在全球的影响力，对于稳定资本主义意识形态和现代化形式对全球的有效统治起到决定性作用。

自启蒙运动及法国大革命以来的200多年间，欧洲资本主义在自由主义原则的指导下，在科学技术与工业化的双重推动下，逐步形成了稳固的"社会现代化结构"。到19世纪末与20世纪初，经过1880—1914年30多年的"黄金发展期"，以英国为首的西欧资本主义国家大多完成了工业化、城市化过程，并在民族主义和自由主义的影响下，诞生了一些新的"民族国家"。可以说，新旧世纪之交的欧洲在技术、工业等方面的优势处于世界顶点。在资本主义意识形态的指引下，欧洲几乎瓜分了整个世界，世界似乎正在按照"自由资本主义"的模式加速向全球化、现代化演进，欧洲在全球范围内建立了强大的"大殖民帝国"。

但在整个19世纪的欧洲内部，随着资产阶级在与封建贵族的斗争中逐渐壮大并取得统治权，与资产阶级一起成长起来的无产阶级并没有获得自己应有的权利，自由资本主义所许诺的民主原则、人民主权、个人自由等并没有实现，与之相反，由于工业化所引起的人口增长、城市化，使无产阶级陷入更为深重的苦难之中，无产阶级要求自由资产阶级进行政治变革的斗争此起彼伏，使得欧洲整个"19世纪却是以政治镇压为特点。示威游行、暴乱、革命受到严厉镇压"。① 但正是在这样一个时期，资本主义的残酷本性才能充分展示，人们对"美好社会"的理解也才更深刻。随着马克思和恩格斯1848年2月《共产党宣言》的发表，反剥削、反压迫、追求社会平等、以"社会公正"为核心价值的社会主义意识形态也逐步形成，它充分揭露

---

① ［法］德尼兹·加亚尔等：《欧洲史》，蔡鸿滨、桂裕芳译，海口：海南出版社，2000年，第467页。

了自由资本主义意识形态的"虚伪性",认为在整个社会政治结构不公正的前提下,所谓自由、民主只能是少数人的专利。"社会公正"是一个社会制度的首要价值和最基本的政治制度安排,只有实现社会公正,个人的自由与民主权利才有保障,"每个人的自由发展是一切人的自由发展的条件"。与以"自由"为核心价值的资本主义意识形态不同,以"公正"为核心价值的社会主义意识形态逐步形成,并成为后来人类文明发展的主要模式,在人类文明发展的现代化、全球化过程中占据重要地位。

19世纪与20世纪之交的世界,由于机电的广泛使用,现代化与全球化进入一个重要发展阶段,人流、物流、资本流的流动速度进一步加快。资本主义的现代化在全球迅速扩张,使过去以资源掠夺、奴隶贸易为特征的,具有"殖民主义"性质的自由资本主义,随着民族国家的发展、资本主义大企业大公司争夺殖民地、开拓世界市场以及国内矛盾的加剧,让位于以强权与扩张为特征的,具有"帝国主义"性质的垄断资本主义。帝国主义国家之间对世界的野蛮瓜分,导致了20世纪上半期的两次"世界大战",几乎使人类文明毁于一旦。

但20世纪的重要史实是帝国主义的欺凌与压迫、以及帝国主义国家之间为争夺各自利益的战争,大大激发了弱小国家的民族意识,民族国家大批出现。更重要的是,1917年俄国社会主义革命的成功实践,为人类文明提供了一个全新的、不同于资本主义文明的"发展框架",使马克思所设想的社会主义理想第一次变成了人类文明的现实,从此以后,以"公正"为核心价值的社会主义意识形态就成为人类文明形态、社会现代化、全球化发展的一个基本选项。人类才真正开始面对产生于新石器时代、8000年前"农业革命"以来一直没有解决的社会矛盾与问题，即社会公正问题。社会主义意识形态强调，只有在"社会公正"的核心价值和制度框架内，才能有效地保障平等、自由、人民民主、社会共同体、博爱、和平等等现代社会基本价值的实现。在资本主义的制度框架内，在一个没有实现"公正"的制度安排的社会，人类所具有的一些普遍价值只能具有理论意义，阶级社会产生以来的"社会不公正"问题，时刻都会毁灭人类文明的现有成果，或把人类带入无休止的争斗之中。

与公元 1500 年随着"地理大发现"所开始的、以"空间"为特点的、全球范围的物流与人流广泛流动的第一次全球化不同，20 世纪 70 年代以后开始的以信息技术为特征的第二次全球化，则具有"即时性"特点，信息流与资本流可以瞬间传递到地球的各个角落，人类文明的现代化开始进入一个新阶段，地球真正变成了个"地球村"。地球上的各个不同民族国家有史以来第一次成为事实上的"邻居"，我们都变成了"村民"，国家之间、社会之间、人与人之间的相互影响、相互联系加深。

第二次世界大战以后，随着大批亚非拉民族国家的独立和国家边界的确定，帝国主义国家之间对殖民地的资源、市场争夺开始寻求新的形式，赤裸裸的帝国主义侵略难以为继，信息技术的发展完成了资本主义由"垄断资本主义"向"金融资本主义"的转变，金融与货币工具成为现代金融资本主义"超国界"获取利润的主要工具。

可以说，从人类文明发展史的高度来看，当代资本主义的现代性，利用其在全球化过程中据有的经济、政治、道德、话语优势，主要表现为两个突出特征：一是在知识经济、金融经济、纸上经济、信息经济的幌子下，向发展中国家输出贫困、榨取普通工人的血汗，并在其国内制造新的不公正；二是以所谓的资本主义自由民主为幌子，对别国、特别是弱小国家内政进行武装干涉，抬高政治道德嗓门、运用话语优势对其恶劣行径进行"道德辩护"，强调资本主义价值和意识形态是人类文明的唯一选择，并进而宣布"历史终结"和"意识形态终结"，似乎人类文明发展到现阶段，现代化、全球化只有资本主义一条路可走，但自2008年以来的资本主义世界的金融危机，终结了现代资本主义的"童话"，提醒我们必须对当代世界体系、对全球化、对人类文明走向及现代化模式进行结构性地、深入地思考。

这就是说，在资本主义发展模式下，普遍的人类福利并没有随着发展而提高，几组简单的常识性数据可以解释这一结论。1950年，南北国家居民的收入差距是1∶10，而目前这个比例是1∶30；发达资本主义国家以大约占全球15%的人口，占有大约70%的世界财富；在资本主义国家内部，近期发生的以"占领华尔街运动"为代表的各种"占领"运动说明，"不公正"也正在资本主义世界蔓延；从话语权来说，当代世界的"信息源"大约80%左右来自以美国为首的发达国家，基本左右了世界舆论。

自公元1500年以来，全球化与现代化结伴而行，曲折而复杂的人类历史画面充分说明了这一点，先是欧洲，随后是美国基本主导了这一全球化、现代化过程，无论资本主义的理论特点、社会形态、时代特征如何变化，资本主义意识形态始终是这一过程的主导价值。

2008年爆发而延续至今的资本主义世界"全面金融危机"，使资本主义世界的发展真正遇到了麻烦，其未来出路现在很难预测。同时，中国作为一个13亿人口的社会主义大国，在人类文明全球化、现代化的过程中扮演的"角色"日渐突出，如何在未来人类文明发展中突出中国的现代性特点和全球化价值，为文明发展提供不同于资本主义意识形态和核心价值的"未来选择"，中国作为当代世界的一个重要文明主体负有重大责任。

现代化与中国社会的结构性改革

从人类文明发展史的角度看，一直到18世纪，中国都是世界上"技术"最先进的国家，中国的技术和发明达到农业时代所能达到的最高点。但在18世纪，欧洲赶上并超过了中国，成为世界上技术最先进的国家，技术推动的工业化、商业化使欧洲的经济结构、社会结构发生了快速变化，资本主义现代化和向全球扩张步伐加快，主导西方文明发展的"扩张意志"和经济军事实力增强。

尽管如此，到1800年时，中国的经济总量仍占到世界的1/3强，是当时世界上名副其实的经济大国，人口也占到世界的1/3左右。但与技术含量高、工业化发展、生气勃勃、快速上升的资本主义经济相比，则明显"大而不强"。因此，乾隆末年的1800年，无论从中西比较的角度，还是从人类文明发展史的角度而论，都是人类文明发展的重要转折年，文明发展的天平开始倒向西方，中华文明开始显现出衰败的迹象，由于种种原因中国错过了现代化的时机。[①]

当1840年第一次鸦片战争时，虽然我国GDP仍然占世界总

[①] 参考黄仁宇《中国大历史》第十七章，北京：中华书局，2006年。

量的20%左右,在世界11亿人口中占4亿,但当时仅有1000万人口、远离中国2万里的小小的英国,凭借"船坚炮利"仍然撞开了"老大帝国"的大门,使中国陷入了长期的"半封建半殖民地"境地,变成了资本主义的附庸、原材料基地和产品市场,封建官僚专制与殖民剥削的双重挤压,使中国社会基本失去了制度、技术、经济、文化观念等创新的动力与能力,中国被强行"被动地"拉入资本主义设定的"现代化"体系之中,固定成资本主义体系下生产环节的一个"初级链条",内生性的、结构性的现代性因素难以成长。

资本主义列强的入侵对中国传统的社会结构造成了极大的破坏,中国从此失去了基于传统结构的"社会稳定性",进入了长达100多年的动荡期。期间,从魏源、林则徐等开始,直到孙中山、梁启超、陈独秀、鲁迅、毛泽东、邓小平等,中国众多有识之士对国家民族的前途命运进行了卓越的"现代性"思考和艰苦的革命与建设实践。期间,可圈可点的如洋务运动、维新改良运动、辛亥革命、五四新文化运动、解放区实行的以平等自由为核心的人民民主体制等,都对推动中国社会的"现代化"进程起到了重要作用。但就整个社会的基本价值与意识形态、及中国社会整体结构性特征而言,直到1949年以前,中国还处于"前现代化"阶段,处于半封建半殖民地状态。

从整个中国的"大历史"来看,我认为中国社会的现代意识形态确立与社会结构性改革真正步入"实践性"阶段始于1949年中华人民共和国的建立。1949年以后,中国开始了以社会主义意识形态为指导的,具有社会共同体、社会公正、社会平等、社会民主、社会自由等价值元素的社会主义社会建设,奠定了迈入"现代化"的基本价值和基本制度。从此,中国走上了自觉地、自主地、具有现代性特征的社会主义发展道路。

当然，正如我们所熟知的那样，由于各种各样的原因，中国社会主义发展道路从共和国建立以来一直不是很平坦。这首先是因为社会主义在中国是前人没有开创的事业，我们必须摸索着前进，出现这样与那样的错误在所难免；其次，对与资本主义意识形态不同的东方社会主义大国的出现，资本主义国家的本能反应就是封锁和围堵，直到现在，这种状况也没有多大改变，还是要求中国按照资本主义的模式实现"现代化"，差别仅是所使用的手段不同而已；再次，是中国在建立社会主义制度的初期，所参照的苏联"价值与制度摹本"出现偏差，也造成中国在社会主义现代化过程中走了许多弯路；最后一点也很重要，这就是"封建官僚专制文化"的传统影响。

可以说，自公元前3世纪结束以人身依附为特征的"封建贵族专制"以来，随着中国的重新统一与郡县制在全国的推行，特别是汉代"独尊儒术"的封建意识形态固化和隋唐以来的科举制度形成，中国两千多年来一直维持着以"自耕农"为主体的、以自然经济为特征的"封建官僚专制"的统治，期间虽然也有一些反复，如汉代的"分封制"、魏晋时期的"门阀政治"等，但都没有改变"官僚专制"的基本结构，"官本位"意识成为我们民族长期积淀的一种传统意识，"官府权力"决定"身份"的观念根深蒂固。这与欧洲国家的"封建贵族专制"、"出生权力"决定"身份"的封建社会形态形成鲜明对比。

中国的封建官僚专制统治的一个重要后果是致使中国的现代化过程非常艰难，社会的结构性变化很难实现。如果说欧洲社会在推翻了贵族统治以后，较容易重新建立社会的新的"权力结构"，而中国社会在赶跑了皇帝以后，可能的后果是：或者通过官僚实际掌握行政权力的中介"孵化出大大小小的新皇帝",形成军阀或地方割据,社会的"权力生态"甚至更为恶化,人民群众更为苦不堪言,辛亥革命以后的民国统治基本就是这种状态;或者"新瓶装旧酒",在光鲜的词汇掩饰下,承袭了封建官僚制的基本特权。即"身子"虽然进入了新社会,但"脑子"还留在旧社会,2000多年的封建官僚制下所形成的特权意识、官本位意识等还顽固地占据着一些人的头脑、左右着一些人的行为,使国家民族的现代化举步维艰。

因此,对中国社会的现代性思考,既不能回到传统"儒学"寻找灵感,因为那是我国封建主义意识形态的表征,虽然经过60多年的社会主义意识形态建设,封建意识因素仍然很难消除;也不能按照"新自由主义"的思路对社会进行结构性改革,因为那是资本主义社会现实的思想反映。在当今世界,中国的现代化,只能是在"社会公正"为核心价值的社会主义意识形态的指导下,以人民民主为基本制度追求的"社会主义现代化"。中国融入全球化浪潮,实行改革开放,只能是以自己的方式自主地进行,并在这一过程中坚持社会主义意识形态的鲜明性特征。只有这样,中华民族的现代复兴才会是人类文明发展史的一次重要转折。

我们之所以坚持以"公正"为核心价值的社会主义意识形态体系对中国社会进行"结构性改革",坚持"公正价值、公正制度"的文明模式,是因为社会主义意识形态是一种"普世价值",代表了人类文明的发展方向。我们不认同以"自由"为核心的资本主义意识形态体系的普世性,不承认其具有"终极价值"的特性,是因为从人类文明发展的历史实践来看,"公正优先于自由"。公正是社会制度的首要价值,没有基本的社会公平正义，自由就是一句空话，社会民主、平等、博爱就不能实现。在这一点上，目前上演的以"社会公正"为诉求的"占领华尔街"运动，就证明了金融资本主义的"终极缺陷"。

因此，在这个纷繁复杂的世界上，在当代文明走向出现极大困境的情形下，在推进中国改革和现代化建设的关键时刻，对中国社会的现代性思考就具有非常重要的意义。

首先，要以"公正价值"为核心价值构建社会主义意识形态体系，确立中国社会现代性的根本特征与发展取向，形成"公正、民主、民生、和谐"的"新发展共识"，按照社会主义意识形态发展和改造中国。

其次，要以"公正制度"为基本制度安排构建社会主义制度体系和运行机制，真正实现人民民主，实现社会主义制度赋予人民的"基本权利"，实现人民在"权力结构"中的主体地位，并通过制度安排完成中国社会的"结构性改革"，从根本上防止权力落入"既得利益者"手中，为中国社会的现代性、为中华民族的长治久安提供最根本的制度保障。

儒教与政治文化

(加拿大) 贝淡宁 (Daniel Bell)

贝淡宁(Daniel Bell)

又译丹尼尔·贝尔。贝淡宁生于加拿大,现为清华大学伦理学和政治哲学教授。研究领域为比较政治哲学,社群主义,儒家。他的成名作是《社群主义及其批评者》(1993年由牛津大学出版社),最新著作是《超越自由民主:东亚背景下的政治思考》(普林斯顿大学出版社2006)。

通常来说，我们认为，传统文化正在中国复兴。相比较上世纪 80 年代，最为显著的变化是，大量知识分子正在回归到传统意识之中，无论是儒教、佛教还是道教。这一现象其实并不仅出现在中国——我们也可以看到，其他现代化国家无论是在东亚还是印度、还是俄罗斯，都体现了这种回归传统的趋势。史天健在北京已经有很多年了——他以前在杜克大学工作，他发现，根据调查的数据，当整个社会在不断经济现代化的同时，中国大陆的人们正在越来越回归到传统的政治价值观。他其实并不期待这样的结果。他也发现了在台湾也出现了同样的趋势。根据他的数据，当台湾正在变得更加民主的同时，人们在政治观念上变得越来越回归传统？这到底是为什么呢？

特别对于儒教而言，为什么它会复兴？我认为可能有几种原因。一种是当国家变得更加现代化时，对于传统价值的看法也会改变，现在，传统价值中的某些东西逐渐被认为是有助于促进现代化的。在 20 世纪的大多时间内，中国人都将自身视为"亚洲的弱者"，并因此谴责是儒教的思想导致了这种悲惨状况的发生。唯一能够将知识分子凝聚在一起的，无论是自由主义者还是马克思主义者，他们的共识都认为西方能够回答如何使中国成为现代社会的问题。在大约一百年的时间中，这些对传统的批评汇集成为一种主流——但是，现在人们再回顾那个时代会想，为什么我们会那样去做？之后他们会反思，或许某些传统的价值，例如尊师重教，勤奋节俭等实际上是有助于促进经济上的现代化的。同样的，从东亚已经成功实现现代化的一些国家来看，也许儒教的传统是有利于而不是破坏现代化进程的。

伴随着经济现代化所产生的世界各地的一个普遍问题是使得人民更加倾向于个人主义，许多知识分子都对此表示了忧虑。商人们专注于挣更多的钱，同时也会问，为什么我还在从事这一行当？难道金钱就是人生的终结么？当然不，金钱只是一种工具。因此，他们会想，我现在应该用我的钱做什么？他们说，或许应该考虑并追寻那些能够尽到社会责任并与个人主义相斗争的伦理资源的源泉。

我认为在不同的传统文化中，儒教是最为能够平衡极端个人主义的最为直接的伦理源泉。因此，儒教也是一种强调社会责任感的伦理规范。儒教其实是一种非常多元化的传统，类似于自由主义或者基督教义，但是我认为这其中有一些核心的价值，包括一个人应该根据每个人不同的角色来采取不同的方式对待，而不仅仅是一些对待人的方式的原则。例如，我应该采取不同的方式对待一位教师和母亲，其他也是如此。这种观念实际上是通过人际的行为来树立道德，特别是从家庭开始，在家庭里学习爱与关心，并以此推及到其他的非家庭成员。这也意味着更为一般性的通过非正式手段而不是强制的方式来实现治理的原则，包括利用道德案例，礼仪，劝说等方式。只有这些非强制的手段失效后，才能够使用强制的手段来保持社会秩序。在我看来，这些就是儒教中不同学派所共享的基本价值观。

我现在从一种描述性的分析转到更为规范的分析。一种关于当前中国的热烈的争论是在新左派者（其依然信奉社会主义价值）和儒学家之间发生的。而这在二十年前不可想象儒学家和社会主义者之间互相讨论互相学习的。我们正在见证儒教新解释的发展，我们可以称之为"左派儒教"。

他们的特征是什么？在中国外部，有很多自由的儒家学者，如杜维明、狄百瑞（Theodore de Bary）等。他们在其人生后期更加迷恋于自由主义价值观，并且选择性地接受儒教中的一些与自由主义相融合的部分同时拒绝与自由主义不相符合的部分。因此，他们是以自由主义作为道德的基石。如果一个人真正对儒教的道德框架感兴趣的话，也许会希望儒教能够发挥更大的作用而不仅仅是实现自由主义价值观的工具。因此，现在这就产生了一个问题，社会主义者到底能够从儒学中学到什么？儒家学者又能从社会主义者那里学到什么？通过这种对话能够发展出什么样的思想？

其中关键的一种是社会批判主义。社会中存在一种认为儒教总有为专制主义辩护的倾向的担心，典型的如2008年的奥运会开幕式，就体现了很多儒教的文化传统。的确，当今在中国确实只有很少的人认为马克思主义是中国应该追寻的理想模式。因此，我认为中国共产党的确正在逐渐向儒教靠拢以寻求新的执政合法性源泉。当然也有担心认为会走向盲目屈从和陷入家长社会的误区。

什么样的解释能够提供一种更加批判的视角？历史上，早期的儒学家总是激进的社会批评家。儒学家在不同的国家之间游历，以说服执政者更加明智地执政。著名的《孟子》一书就以劝说君王要有德为始。这是一种非常生硬的社会批评，当然，社会主义者也持有同样的批评视角。历史上，根据儒教的记录，儒教自身也同其他的思想类似于自由主义一样，是一种不同思想混合而成的产物。有些时候，其与法家传统走得更近一些，并为半集权主义而辩护。然而，批判的传统一直在儒教中存在，并在某种程度上被正式确立下来。

在当代，我们应该采用什么样的批判形式？当我们提到社会批判主义时，我们想到的是社会中有独立的媒体，例如，在新闻从业人员中形成广泛的对独立和批评媒体的认同。目前来看，存在一种普遍的共识是中国不需要走西方的道路。儒教对政府当局的态度是认为政府角色应该是在社会中树立道德模范并以积极的价值去引导人们行为。用通俗的话说，这就意味着建立更加高尚的社会价值——例如关注弱势群体的扶困帮贫——谁能够对这些行为说不呢？这种媒体模式更可能从私人赞助的媒体中产生，因为私人资助媒体更可能具有丰富的资本和较少的受制于政府的干预。然而，公立媒体依然能够利用它们的资源来传播积极的社会价值例如关注弱势群体。

一方面讲，关于民主或者独裁的语汇也并没有完全的占据全部社会话语。如果一个人需要考虑合适的西式的术语来描述这种现象的话，可能"家长制模式"是更合适的。也就是说，私有的媒体可以报道它们想报道的任何社会问题，然而，公立的媒体需要承担传播积极道德观念价值的责任。

我给出一个例子，2008年的奥运会的确是非常有意义的，然而更有意义的是随后举行的残奥会。在中国的电视上，对那些英雄般的残疾运动员进行了全景式的展示。我当时正在与其他观众一起收看节目，而他们已经非常熟知很多残疾运动员的困境以及知道如何表达对那些残疾人的关注。我认为现在也常常能够在北京看到这些场景：残疾人在公开场合出现的比以前越来越多。如果这是一个完全市场化的媒体模式的话，也许就看不到对残奥会的报道了。我知道在新加坡有记者希望报道残奥会，然而，她的报道并没有见诸于公众。我认为自由的私立媒体和公共财政支持的媒体结合将会起到有力的促进宣传某些公民价值的任务，在这一点上，现有的体制没有什么太大问题。

儒教也强调精英教育的价值，其含义是指每个人都想有均等受教育机会的权利。在儒教中，有一个著名的论述是"有教无类"，当然，不是每个人都能够在教育体系中脱颖而成为从事政治决策的人才。因此，政治体系的一个重要任务是辨识那些具有超过平均能力并能够从政治国的人才。

在儒教中，并不是所有的等级制度都是坏的。基于年龄的等级制度是被支持的。为什么呢？当我们的年龄变得更大时，我们在社会中经历和所扮演的角色也越多，自然对社会的理解也越深刻。如果一个人是一个从医十年的医生，他当然有可能比从医一年的新医生更有经验。同样，当我们更老时，可以说，我们也可能变得更加明智。

对于儒教来说，年长者具有更大的投票权并不是一个非常疯狂的想法，但是这可能对于自由主义者是非常疯狂的。如果一个人研究过西方政治思想史，就不会有是否18岁的年轻人应该具有和60岁的老人一样的投票权这样的问题了。我不知道是否有思想者提出过关于我们在18岁以后在思想上停止增长的争论。

儒教与政治文化

我们应该怎样将这种考虑正式的制度化？儒学家蒋庆提出了立法机构的三院制。他的基本理念是，我们需要更多的民主，让更多的工人和农民在立法机构中有自己的代表。但是我们同样需要一些精英来代表那些自身利益往往被忽略的少数非投票者。政治不是仅仅影响到参与投票的社会共同体中，也会影响到外国人。例如，美国自身的危机影响到了其他国家。来自中国的污染，也影响到了其他国家。谁来代表那些不在投票共同体内但受政策影响的群体的利益？对于他们的利益需要在政治共同体内被代表。因此，他提议设立一个政府机构来代表不在投票共同体内的群体的利益，包括，未来的一代，外国人，以及其他的不具有投票权利的群体的利益，都可以通过民主程序被代表。

这是对中国政治发展的一种非常有新意的思考。只要我们认识到儒学总是被重新解释和重新创造的，那么对恢复传统就不值得有太大的担心。

在这种儒学家－社会主义者的对话中，除了刚才提及的媒体模式，我们还应该怎样对待那些弱势群体？这里有不同的方式来思考什么是弱势群体。对于儒学者而言，可能是缺乏物质资源，也可能是缺乏重要的社会关系。好的生活总是与丰富的社会关系相关的。缺乏足够的社会关系的群体才是国家和社会需要首先帮助的群体。孟子对这一点非常清楚，某些程度上，也可以在历史中找到类似的主张，即弱势群体不仅是缺乏资源更重要的是缺乏社会关系。

我们应该怎样帮助弱势群体？孟子也表达得非常清楚，重新分配土地是关键。当我们来审视孟子关于重新分配土地的主张时，发现与邓小平在上世纪 70 年代末所做的是类似的。某些时候,农民耕作在自己的土地上,并且可以出售产品,而在某些时候,农民耕作在公共的土地上,并给予非农业群体一定数量的产出份额。每一个人都应该有一块土地的思想在中国的社会主义者中依然非常流行。这与儒家思想也没有什么不同。也许非常个别的儒教学者认为,如果要对弱势群体进行关注,最好的办法不是通过制定法律,而是应该建立弱势群体和当权者的联系。那么,应该如何确立这种情感上的联系呢?在中国,有很多漂亮的法律,然而,人们应该如何遵守法律呢?特别是,我们应该如何让当权者遵守法律呢?这就是为什么儒教说社会礼仪重要的原因了。如果人们参与到社会礼仪中,实际上就是一种转化当权者行为动机,并促使当权者更加关注弱势群体的方式。琐事或许并非是真正的小事。如果一个人是一个公司的一员——如果是在日本或者韩国,老板和员工会一起在工作后唱卡拉OK。那里依然有等级礼仪,如老板唱歌会得到更多的喝彩,但是实际上,普通员工也会得到热烈的掌声,并且他们常常一起喝酒到天亮,这种活动其实就是一种情感纽带。这种纽带部分的作用是使得员工对企业更加忠诚,部分的作用也包括使得企业对员工更加忠诚。

在中国,包括某种程度上在韩国和日本,大的企业和银行并不把裁员作为解决企业困难的首选方案。相反,可能会采取普遍减薪,减少假期等方式。我了解到有美资银行的北京分部被来自纽约的命令要求裁剪20%的雇员。然而,这并不是中国的国有银行或者大的企业所采取的方式。尽管不必去过分赞扬这种行为,然而的确是值得思考应该采用什么样的方式来强化社会关心。

让我在此问一系列问题作为结束,在当代世界,我们应该以什么样更受欢迎和赞扬的方式来重新诠释儒教思想？我们是否可以将这样的研究实证化？在北京，不同流派的哲学家和社会科学家正在互相对话，这也是一种积极的发展。我们应该如何对待"老吾老以及人之老"？我们是否能够度量它？什么是当今中国人所关注的政治价值？一旦我们有了更多的实证证据，那么，就有更好的理由以支持我们的解释。这还不仅仅只是一种基于经验的研究，这也是规范性的研究。这也是中国最需要对这一问题的解读。如果中国的确有建立某种新的意识形态的需要，那么，这种对儒教的重新诠释可能是有益于满足这种需要的。

进一步，当我被询问到这一问题与其他国家有什么关系时？我总是很怀疑的，因为我的确认为，当一个国家面对严厉的危机时，就会变得更加开放和向其他国家学习。在20世纪的大部分时间，中国的确非常开放地向其他国家学习，然而，是否西方也同样学习了中国？直至今天，依然没有明显的这种迹象。然而，当资本主义的危机更加严重的时候，正如一位《财经时代》的记者所说，"不要担心，等就好了，我们仅仅丢了几个月的脸，给我们一点时间，之后我们就能够向中国学习。"因此，很可能我们将会向中国学习得更多！

(译者：何哲 国家行政学院公共管理教研部)

图书在版编目(CIP)数据

改革共识与中国未来/吴敬琏等著.
—北京：中央编译出版社，2013.3
ISBN 978-7-5117-1506-7

Ⅰ.①改…
Ⅱ.①吴…
Ⅲ.①改革开放-研究-中国
Ⅳ.①D61

中国版本图书馆 CIP 数据核字(2012)第 220729 号

改革共识与中国未来

出 版 人	刘明清
出版统筹	薛晓源
责任编辑	董　巍
责任印制	尹　珺
出版发行	中央编译出版社
地　　址	北京西城区车公庄大街乙 5 号鸿儒大厦 B 座(100044)
电　　话	(010)52612345(总编室)　(010)52612363(编辑室)
	(010)66161011(团购部)　(010)52612332(网络销售)
	(010)66130345(发行部)　(010)66509618(读者服务部)
网　　址	www.cctphome.com
经　　销	全国新华书店
印　　刷	北京中印联印务有限公司
开　　本	787 毫米×1092 毫米　1/16
字　　数	165 千字
印　　张	15
版　　次	2013 年 8 月第 1 版第 2 次印刷
定　　价	38.00 元

本社常年法律顾问：北京市吴栾赵阎律师事务所律师　闫军　梁勤
凡有印装质量问题，本社负责调换，电话：(010)66509618